利害関係者志向の経営
存続・世評・成功

R・E・フリーマン／J・S・ハリソン／A・C・ウィックス [著]
中村瑞穂 [訳者代表]

Managing for Stakeholders
Survival, Reputation, and Success

東京 白桃書房 神田

MANAGING FOR STAKEHOLDERS:
Survival, Reputation, and Success

by

R. Edward Freeman, Jeffrey S. Harrison
and Andrew C. Wicks

Copyright © 2007 by R. Edward Freeman,
Jeffrey S. Harrison and Andrew C. Wicks

Japanese translation rights arranged with Yale University Press
through Japan UNI Agency, Inc., Tokyo.

目　次

日本語版への序文　　iii
はしがき　　vii
謝　辞　　xi

1　利害関係者志向の経営　　1
2　21世紀における企業　　23
3　基本的枠組み　　51
4　利害関係者・目的・価値基準　　77
5　利害関係者への価値を創造するための日常戦略　　113
6　リーダーシップと利害関係者志向の経営　　147
　　補論：利害関係者志向の経営についてよく尋ねられる質問　　175

注　　183
関連文献　　189
訳者あとがき　　193
索　引　　197

日本語版への序文

　大変名誉なことに，著者を代表して，『利害関係者志向の経営』の日本語版序文を書くことになった。私は，長い間，日本の企業慣行を研究し，「利害関係者のための価値創造」という日本の長い伝統に刺激を受けてきた。それゆえ，本書における考え方の多くが日本の読者にとっては周知のもののあることを希望している。

　本書の中心的な考えの一つは，利害関係者の利益を，相対立するものとして見るよりは，むしろ，寄り合わされたり，結び付けられたりするものとして見るべきであるということである。それは，多くの日本の経営者がこれまで経験してきたことである。1980年代初頭に遡ると，私は，『戦略経営—利害関係者アプローチ』を執筆し，「利害関係者論」として知られるようになる発想を考案しながら，ペンシルヴァニア大学ウォートン・スクールで教えていた。私は，日本から来た経営者のためのセミナーを担当していた。彼らは，最新の米国の経営手法を学ぼうとしていたのである。私が彼らにどの利害関係者が最も重要であるかを尋ねたとき，彼らは，従業員，顧客，政府，消費者支援団体が最も重要であると答えた。当時，中心的利害関係者として

「消費者支援団体」を挙げることは聞いたことがなかったので，彼らになぜかと尋ねたところ，「私たちは，何が悪いことかを知り，それを正したい」という答えが返ってきた。それが正当であると認知されるかどうかにかかわらず，彼らは，顧客の利益がいかなる事業モデルの中心になることをはっきりと理解していたのである。そうした批判に対してどのように対応しているかについて，彼らに詳しく話してくれるよう求めると，彼らは，ある種の合意に達するまで彼らとともに働くと答えた。それは不可能ではないかと問うと，一つの合意を見つけるまで批判者と協力すると答えた。これはその初期の著作における「社会的調和」のエンタープライズ戦略を示しているが，本書でのより中心的な考えではない。

　利害関係者志向の経営の本質は，顧客，従業員，納入業者，コミュニティー，資金拠出者が継続的に長期にわたって成功する方法で価値を創造することである。経営者の唯一の任務は，こうした利害関係者のためにできるだけ多くの価値を生み出すことである。利害関係者の利益の間に対立がある時，経営者は，トレードオフの関係を用いることなく，双方の（あるいはすべての）ために価値を創造する方法を見出さなければならない。

　私が以前の著書において示唆したように，多くの人々が利害関係者の利益をバランスさせ続けなければならないと述べているが，私は，「調和」（harmony）という音楽的な発想がよりよい比喩であると思っている。調和は，たとえ，「異なる音符」があったとしても，それらが相互に強め合う形で和合することを意味する。利害関係者の調和を創造することは，利害関係者志向の経営の本質である。調和のないところ，すなわち，楽しくない不快な音から，時折，調和が現れるということは，意味のないことである。経営者あるいは企業家の主要な任務は，すべてのための価値を創造する方法で利害関係者の利益を形成し，利害関係者に応答することである。

　私たちは，こうした方法で利害関係者のために価値を創造することが21世紀の資本主義の本質であると考えている。また，それは，日本社会を含む，多くの社会の伝統に基づいていると思っている。さらに，価値創造と取

引のシステムが現在の条件で存続していくには，この新しい物語（あるいは，「新しいけれども古い物語」）を適用しなければならないだろう。

2010 年 4 月

R. エドワード・フリーマン

はしがき

　本書は，多くの人々による成果である。本書『利害関係者志向の経営』を構想する上で，同僚，共著者，学生，経営者，家族，友人たちが尽力してくれた。1984 年，フリーマン（R. Edward Freeman）は，『戦略経営―利害関係者アプローチ』（*Strategic Management: A Stakeholder Approach*. Boston: Pitman Publishing, 1984）を著し，その中でラッセル・エイコフ（Russell Ackoff），ジェームズ・R・エムショフ（James R. Emshoff），リチャード・メイソン（Richard Mason），イアン・ミトロフ（Ian Mitroff），エリック・リーンマン（Eric Rhenman），エリック・トリスト（Eric Trist）などの業績をまとめた。彼等は，みなビジネスにおける利害関係者志向を真に説き始めた者である。1984 年以来，多くの学者，経営者，経営思想家は，いかなる企業も，事業活動から影響を受けたり，あるいは，それに影響を及ぼすことができる集団，たとえば，利害関係者に対して，注意を払う必要があるという考えをもった。

　本書は，フリーマンの研究書の刊行から 20 年以上経た状況において，利害関係者に関する考えをまとめたものである。本書は，経営者のために書か

れたものであり，研究者のために書かれたものではない。それゆえ，参考文献や脚注などの学術論文に求められる表記は最小限にしている。多くの人が指摘していることを本書でも同様に行っている。本書は，利害関係者経営に関する最善の考え方であると思っているものをまとめたものであり，多くの人々の貢献に感謝している。

　本書は，米国および他の国々において，大小問わず，偉大な企業を立ち上げ，維持する本質的手法をとらえたものであると思う。また，資本主義制度の本質を社会的協調と価値創造の制度として理解されるものとして捉えている。さらに，それは，倫理と価値基準をビジネスに加える際の手順を示している。

　私たちには，社会における企業と倫理の役割に関する新しい話が必要である。本書では，こうしたビジネスの物語を再びすることになる。私たちは，資本主義社会に生きていることに負い目を感じてはいない。むしろ，そのことを喜んでいる。ただし，現在，株主価値を創造するものとしてのみをもって資本主義を理解することに批判的である。二つの文字を変えることにより，すなわち，"stockholders"を"stakeholders"という言葉に変えることにより，資本主義の理解を変え，企業と経営についてより健全な考えを打ち立てることができると信じているからである。

方法と資料に関する注意

　本書の第一義的関心は，企業に関する新しい物語を作ることにある。新しい話を語ることは，実際に利害関係者志向の経営を行っている会社の事例に関して語っているように，「記述的」であると同時に，また，どのようにすれば利害関係者志向の経営をうまくできるかについて示唆するように，「規範的」でもある。伝統的な社会科学の方法では，どのように会社が営まれるかを記述する点で限界があるために不十分である。新しい物語は，ある程度，私たちがいずれかの時点でどこにいるのか，私たちの目的は何か，その

目的を実現するように機能しうる手段は何かについて記述する。多くの学術的書籍は，これらの領域の一つについて書かれ，すべてについて同時に書かれることはない。とても明確なルールや方法が世界を記述するためにある。すなわち，経験的社会科学の方法である。そして，規範的あるいは目的実現のための課題事項について話すための論理についても厳格な基準がある。

　企業に関する新しい物語あるいは説話は，ある種の最善ないし新しい慣行について述べ，私たちがどのようにこの新しい物語を演ずることができるかを体系的に示唆することになる。この新しい物語を想像すると，現在の慣行に見られる物語や事例を超えるように必然的に背中を押されることになる。要するに，新しい物語は，行動と目的を含み，それを応用する際に実際にはどうするのか，何ができるのかについて教えてくれる。本書における課題のうち重要なものは，企業に関する新しい物語が体系的な方法で演じられるかを示すことにある。学術調査は，利害関係者志向の経営についても実施された。しかし，それは私たちが進めている理念を支持していたが，経営者向けの著作であるため学術調査に関する文献の評価は意図的に行わなかった。現在，学術的な裏付けのすべてを含むことになる別の著作を準備しているところである。

　本書での議論は，以下のような情報源に依拠している。まず第1に，私たちは，過去20年余りの間に文字通り数千人の世界中の経営者と積極的に会話を行ってきた。セミナー，プレゼンテーション，コンサルタント業務，また，そうした公式の場以外の会話により，私たちは，そうした経営者から多くのことを学び，本書でその内容を表そうとした。もちろん，私たちの偏見，希望，夢により聞いたことが偏向しているかもしれない。私たちは，自分たちがそう思っているが，曖昧なもの，すなわち，資本主義が利害関係者の価値を創造するものとして理解されるべきであり，そう理解されうると考えていることを明確に述べようと思っている。

　第2に，私たちは，平均5年間の実務経験を有するMBAの学生を何千人も教えている。こうした実務家は，短期的に実効的な方法で利害関係者志向

の経営が何であるか，明確に述べることを私たちに求める。こうした会話からの情報は，利害関係者志向の経営が株主価値と矛盾しないことを示そうとするとき，重要であった。

第3に，私たちは，企業に関する論評や，新聞，雑誌，ベストセラー，学術論文，テレビ，インターネットなどの二次的情報源に貪欲なまでに接している。私たちは，こうした情報を自分たちの物語の要素としようとした。

なお，私たちは，次のような慣例に従った。ある会社の社名を挙げている際は，その会社が私たちにその使用を許可していることを注記して明示している場合を除き，公に得られる情報を利用している。ABC社，あるいはXYZ社として取り上げているときは，その情報は，匿名の特定の会社を直接調査して得られたものである。特定の経営者の名前を挙げる場合と「あるCEOの言葉」のように表記する場合についても，同様の方法を用いている。

本書において，こうした三つの情報源により，企業を理解する新しい方法に関する，わかりやすい物語を述べていきたいと思う。それは，資本主義を再活性化するという望みの下，情報の解釈により進められることになる。

謝辞

　本書での議論は，何年にもわたりいろいろなところで行われてきたものである。私たちは，こうした蓄積の多くを用いたが，関係する著作権の使用や資料の利用を認めてくれた様々な共著者，編者，出版社に感謝申し上げたい。

　ボブ・カリングウッド（Bob Collingwood）の事例は，R・エドワード・フリーマン（R. Edward Freeman）の『戦略経営―利害関係者アプローチ』（*Strategic Management: A Stakeholder Approach*. Boston: Pitman Publishing, 1984）で最初に展開された。本書の理念の多くは，その初期の著作の中にその萌芽がみられる。第5章における7つのテクニックは，主として1980年代にウォートン・アプライド・リサーチ・センターで開発され，ここで更新されている。James R. Emshoff, Arthur Finnel, Ian Mitroff（Richard Mason），Thomas Saaty, Russell Ackoff, Eric Trist, そして，ウォートンの社会システム科学部門の人々は，本書での考えに影響を与えてくれた。残念なことだが，これらの人々は，フリーマンとGordon Sollarsと議論をしたが，自由主義や資本主義独特な見方をする人を転向させるという考えに対し

て責任を負うものではない。William Evan は，ペンシルヴァニア大学ウォートン校の社会学者で，経営学者であるが，本書での理念をジェファーソン主義者の倫理と自由に結びつけることに強く影響を与えた。こうした初期の理念は，本書において実質的な方法で改められている。

利害関係者経営の 10 原則は，A. Kakabadse と M. Morsing 編『企業の社会的責任』(*Corporate Social Responsibility*. Hampshire: Palgrave Macmillan, 2006) の 9-23 頁に掲載されている，R・エドワード・フリーマンと Ramakrishna Velamuri の「CSR への新たなアプローチ──会社の利害関係者への責任」("A New Approach to CSR: Company Stakeholder Responsibility") において展開された。

「名前と顔のある」という利害関係者志向の経営へのアプローチの発想は，*Journal of Management Inquiry*, 14, no.1 (2005) の 57-69 頁に掲載された，John McVea と R・エドワード・フリーマンの「利害関係者論──名前と顔のあるアプローチ」("Stakeholder Theory: A Names and Faces Approach") において，最初に開発された。

第 6 章における倫理的リーダーシップの発想は，以下において展開されたものである。すなわち，R. Peterson と O. Ferrell の『企業倫理──経営専門職大学院と会社指導者』(*Business Ethics: New Challenges for Business Schools and Corporate Leaders*. New York: M. E. Shape, 2005) の中の「倫理的リーダーシップと利害関係者の価値創造」("Ethical Leadership and Creating Value for Stakeholders") と C・クーパー，R・バーク編の『鼓舞する指導者』(*Inspiring Leader*. Oxford: Blackwell's, 2006) の K. Martin, B. Parmar, P. Werhane, M. Cording による「価値基準と倫理原則を通じた指導」("Leading Through Values and Ethical Principles") である。

加えて，過去 25 年間において，利害関係者論，利害関係者経営，利害関係者資本主義，あるいは，私たちが好んで用いる「利害関係者志向の経営」に関する研究の拡大がみられている。こうした研究，微妙な意味合いや機微，とりわけ他の者の意義ある貢献に関する十分な説明は，私たちが現在執

筆中の著作の一つである，『利害関係者論―その最先端』（仮題）でなされる。その著作は，経営者向けというよりは研究者向けに書かれている。しかしながら，本書は，理論化，有用な批判，多くの人々の支援なしには書くことができなかった。私たちは，特に，リッチモンド大学のRobert Phillipsについて述べたい。彼は，何年にもわたって執筆してきた多くの論文の協力者，『利害関係者論と組織倫理』（*Stakeholder Theory and Organizational Ethics*, San Francisco: Berret Koehler, 2003）という素晴らしい著作の作者である。また，フェアレイ・ディケンソン大学のGordon Sollarsについても，述べたい。彼は，1977年以来，絶えず友好的に批判をしてくれた。

　私たちは，また，ダーデン・スクールの学長であったJohn Rosenblum, Leo Hidgon, Bob Harris，そして，現学長のBob Bruner，ダーデン財団の出資者・理事の支援と貢献に感謝したい。ほとんどないことだが，学長のBrunerと出資者・理事は，21世紀の実業界が根本的に異なるものになり，ダーデン・スクール，バージニア大学，リッチモンド大学が企業と社会がどのように結びつくかについて会話することに指導的な役割を果たしてきたことを理解してくれた。実際，大学の真の使命は，企業の指導者によりよい社会を創らせることにある。Jay Bourgeois, Richard Brownlee, Ming Jer Chin, Robert Carraway, Simone de Colle, Jacquelyn Doyle, Mark Eaker, Greg Fairchild, James Freeland, Paul Harper, Jared Harris, Mark Haskins, Alec Horniman, Lynn Isabella, Erika James, Dean Krehmeyer, Andrea Larson, Jeanne Liedtka, Marc Lipson, Launne Lynch, Jenny Mead, Marc Modica, Brian Moriarty, Karen Musselman, David Newkirk, Bidhan Parmar, Ryan Quinn, Mark Reisler, Peter Rodriguez, James Rubin, Sara Sarasvarthy, Robert Spekman, Lisa Stewart, Elizabeth Tiesberg, Sankaran Venkataraman, Elliot Weiss, Patricia Werhane, Ron Wilcox，そして，他のダーデン・スクール，バージニア大学，リッチモンド大学の仲間たちは，このプロジェクトの間，支援し，意見を述べてくれた。

特筆すべきは，ダーデン・スクール博士課程のクラスである。多すぎるので，名前を挙げることはしないが，この十数年来，根気よく利害関係者志向の限界を指摘してくれた。ブルース・ジャムのメンバーには，特別な恩義がある。バージニア州ウェスト・ポイントのオルソン一家は，長きにわたり，（1960年代より），倫理をビジネスに加える発想を支持してくれた。オルソン応用倫理センターの支援なしには，本書を書くことはできなかった。2004年，ビジネス・ラウンドテーブルは，ビジネスに加えて資本主義に関する新たな物語を作ることを明確な使命として，ダーデン・スクールにビジネス・ラウンドテーブル・経営倫理研究所を開設した。Franklin Raines, Steve Odland, Hank MxKinnell, Chuck Prince, Anne Mulcahyなど，ラウンドテーブルに属するCEOの支援は，こうした発想を展開する上で重要であった。エンロンの経営陣の代わりに，何千もの企業人が正しいことをし，利害関係者のための価値を創造しようとしている。John Casrellani, Tom Lehrer, Tita Freeman, 研究所の発展段階におけるPat Engman, Monica Medinaの十分な支援なしに，研究所は存在しなかったし，私たちは本書を書くことはできなかっただろう。研究所の研究顧問は，いつも私たちの意見に合意するわけではなかったが，毎回の議論で用いられた学問的に正確な情報を提供してくれた。私たちは，ビジネス・ラウンドテーブルとここで紹介した人々が私たちの議論に賛同してくれることがなかったら，ここまで来られなかっただろう。彼らは，創造性の源泉であり，彼らの考えを本書において確証できればと思う。

　直接的なかかわりではないが，次の方々にも感謝の意を表したい。それは，チューリッヒのSybil Sachsと彼女の同僚と学生，ジャカルタのDerry Harbirと彼の同僚と学生，コペンハーゲン・ビジネス・スクールのMette Morsingと彼女の同僚と学生，ワシントン大学のTom Jones，ボストン大学のSandra WaddockとRichard Neilsen，ウォートンのTom DonaldsonとTom Dunfee，ハーバード・ビジネス・スクールのJoshua Margolis，ミシガンのJim Walsh，アメリカン大学のHeather Elms，サンタクララのShawn

Berman，バクネル大学の Jamie Hendry と Michael Kramer-Johnson，テンプル大学の Terry Halbert，ジョージ・ワシントン大学の Tim Fort と Jennifer Griffith，ダルハウジー大学の David Wheeler，ゲティスバーグ大学の Daniel R. Gilbert, Jr.，セント・トーマス大学の Ken Goodpaster，Laura Dunham，Dawn Elm，John McVea，INSEAD の Mattia Gilmartin，セント・ガレンの Thomas Maak と Nicola Plessa，カソリック大学の Kirsten Martin，ヨーク大学の Ellen Auster，Andy Crane，Dirk Matten，ノッティンガム大学の Jeremy Moon，トレント大学の Lorenzo Saccone，ベルガモの Gianfranco Rusconi，Michele Dorigatti，Valeria Fazio，ジョージア大学の Archie Carroll，ユバスカヤ大学の Juha Nasi，ボストン大学の Jim Post，メリーランド大学の Lee Preston，ミネソタ大学の Norm Bowie，マーサー・デルタの Ron Meeks である。そして，数え切れない人々が何年にもわたってこの議論を考えるのを助けてくれた。Mike O'Malley，Jessie Hunnicutt，Joyce Ippolito，Dan Heaton，Alex Larson，エール大学出版部のすべての人々に感謝申し上げたい。

1 利害関係者志向の経営

　ボブ・カリングウッドはウッドランド・インターナショナルの社長であったが，同社はある大企業の分社（division）の一つであり，統括会社は米国に本社を置き，全世界の55か国において事業を展開していた。彼の20年間にわたる実務経歴にはウッドランド社自体，ならびにウッドランド社が成長し，事業を展開してきた企業環境における各種の重要な変化が刻まれている。ボブの責任事項には製造ならびに広報・渉外業務に対する監督が含まれ，彼は広範にわたり統合されたウッドランド社の全事業に対する最終責任を担ってきた。彼は経済的付加価値のみならず，他のいくつかの変数により，業績を評価されていた[1]。ボブがこれからの2週間の予定表を調べてみると，彼の業務予定は通常をさらに上回る繁忙さであった。彼はウッドランド社に関係のあるいくつかの法令に関し意見交換を行うため，国の行政官僚との面会予定を持っていた。また，一つの新工場計画について州の行政担当者と協議するため，空路，ミシシッピー州に向かわねばならなかった。彼はまた，産業界と環境主義活動家との間の新たな提携事業である，廃棄物削減に関する共同出資事業に関し論議するための，数人の環境主義者たちとの会

合予定をも持っていた。さらに彼は，自社がそのウェブサイトならびにインターネット全般をより有効に活用するための方法について衆知を結集するための，1日がかりの自由討議の開催予定も持っていた。労働協約の更改も控えており，事業再構築および一時解雇が行われるとの噂もしきりであった。それに加えて，彼は3件の取引先の顧客について，その相手との間に重要な会合をも控えていた。彼はまた4日間にわたり24時間，東京に滞在して，新事務所の開設と新マーケティング企画の立ち上げを行い，その後，2日にわたる戦略会議出席のため，空路，テキサス州に飛んで帰らねばならなかった。

　ボブは毎日，数百通のeメールを受け取り，その大半は彼の部下たちが処理できるが，彼の留守番電話には常時，たくさんの伝言が入る。彼は1日平均，55通のファックスを受け取る。彼は多くの部下をかかえ，その大部分を個別的に選任することができ，彼らのそれぞれがボブとほぼ同水準の仕事と，それによるストレスを体験していた。

　ボブが今後2週間，彼自身ならびにウッドランド社が取り組まねばならぬ膨大な量の労力について考えるとき，事態がどれほど繁忙を極めることになりうるのかについて，ひたすら思いをめぐらす他なかった。ボブはウッドランド・インターナショナルにおいて急速に昇進し，本社のスターの地位を目指してきており，しきりに将来のCEO（最高経営責任者）候補といわれてきた。しかし彼は，現在直面している状況の多様な複雑な状況を処理するだけの用意があるとは感じられず，さらに，彼とそのスタッフに覆いかぶさってきていると思われる危機は決して去らないであろう，との脱力感を味わっていた。彼は子供たちの出場するリトル・リーグの最終2試合とピアノ演奏会を見に行くことができず，彼の職業生活と個人生活とが，ますます制御不能に陥りつつあることを，実感していた[2]。

　ボブと部下たちはそれぞれの状況に対応し，日々，発生する危機を管理する技能と能力とを持っていたが，彼らにも状況を先取りすることはできなかった。ボブは，組織の前進を先導するための枠組み，思考様式，そしていく

つかの異なった方法，ならびにプロセスが必要であることを知っていた。彼は，その日その日に，いつも不利な立場であるという考えを見直す必要があった。彼は危機 対 即応の循環，もしくは彼自身ならびに同僚たちの双方に危険が発生することを回避せねばならないことを理解していた。

　本書はボブや，彼のように優れた経営者ならびに指導者の評価基準のすべてに適合しながらも，なお，今日の急速に変化する企業環境における曲がり角の先端に立つことができているとは思われない人々についてのものである。それは企業と経営に対する一つの枠組みである「利害関係者志向の経営」（managing for stakeholders）を説明するものであり，ボブや彼の同僚たちが彼らの世界をこれまでとは異なる方法で解釈し，より積極的な姿勢で指導できるようになるための思考様式を提示するものである。

利害関係者志向の経営：基礎理念

　私たちは企業についての新しい考え方を必要としている。この25年間，経営幹部たちはそれまでに前例のない変化を目撃してきており，私たちが企業を理解するのに用いてきた支配的なモデルと枠組みでは，この変化を容易に説明することができなくなっている。資本市場のグローバル化から強力な情報技術の出現にいたるまで，現代株式会社の性質そのものが実質的に認識の枠を越えるまでに変化してきているのである。

　本書の目的は，企業と経営者の役割についての新しい概念構成を提示することである。この新しい見解を私たちは利害関係者志向の経営と呼ぶのであるが，それは過去25年の間に編まれた多くの経営思想家たちの著作，および世界中の経営者たちの行動から生まれたものである[3]。

　基礎理念は極めて単純である。企業とは，それを構成する諸活動と利害関係（stake）のある諸集団の間の一連の関係として理解することができるのである。企業とは，顧客（customers），納入業者（suppliers），従業員（employees），資金拠出者（financiers；株主，社債所有者，銀行，等々），

コミュニティー（communities），そして経営者（managers）が，いかに相互作用し，価値を創造するかに関わるものである。企業を理解することは，これらの関係がいかに機能（work）するかを知ることである。会社役員（the executives）または企業家（entrepreneurs）の職務はこれらの関係を管理し，整序することであり，それゆえ，「利害関係者志向の経営」と名づけることになる。

　顧客・納入業者・資金拠出者・コミュニティー・そして経営者は，いずれも今日の企業組織の中核要素である。もしも私たちが資本主義を，企業が現実に機能する方法（理論家が企業の機能の方法として私たちに信じさせようと望んでいるものではなく）と理解するならば，これが常に真実であり続けてきたことが明白になるであろう。すばらしい会社を設立し，指導することは常に，利害関係者志向の経営に関わることであり続けてきた。私たちがこれらの集団のうち，ただ一つ，資本を供給する人々（株主または資金拠出者）にだけ注意を払う必要があるという発想は，成功する企業を設立し維持しようと望むかぎり，全くの欠陥である。資本主義そのものの真の性質は取引，契約，あるいは利害関係者間の一連の関係のすべてを長期にわたり継続的に維持できるように，一つにすることである。

企業の現実

　「利害関係者志向の経営」の見解が採用されるには，極めて実用的な理由がある。それは，成功する企業がいずれも現実に行っているということである。経営者たちは，特定企業の全体的な目的もしくは方向がどのようなものであろうとも，主要な利害関係者のための価値を創造し，維持することに努力を集中しなければならない。したがって，企業の唯一の正当な目的は株主価値の極大化，もしくは利潤の極大化であると主張する信奉者がいたとしても，それを実現する唯一の方法は，顧客が購入を望むようなすばらしい製品およびサービスを創造することである。これらの狭く限定された企業におい

てさえも，経営者は，納入業者との関係，従業員との関係に注意を払わねばならず，また，彼らが少しでも賢明であるならば，コミュニティーに注意を払うことが，彼らの会社の利潤追求を阻むような政治的手続きが用いられることを防ぐ助けとなることを理解するであろう。そして，いうまでもなく，経営者は株主あるいは資金拠出者のために利潤を追求し，また，同時に，その他の利害関係者のために価値を創造することに注意を払わねばならない。企業であれば，いかなる企業でも利害関係者のために価値を創造しつつある。どの企業でも，日常生活は広範囲にわたる利害関係者たちとの相互作用から成っており，それらの関係は思慮深く管理されることが必要である。

　要約するならば，一企業の経営者や取締役たちが株主価値の創造を企業の唯一の正当な目的であると信じているとしても，彼らが株主価値の創造を達成するためには，利害関係者との関係に注意を集中しなければならないのである。論理は単純である。今日の実業界は極めて複雑であって，多くの不確実性が存在する。それは企業の成功の達成にとって必要不可欠な顧客・納入業者・コミュニティー・従業員・資金拠出者などの相互連結的なネットワークから成り立っている。株主志向の経営を他の利害関係者の犠牲において行う会社はその業績を維持することができない。このように，株主に対してのみ専念する経済活動のシステムは，自由社会においては他の利害関係者のための社会運動や規制に溢れることとなる。

企業はいかなるものでありうるか

　利害関係者志向の経営の理念に対して，多くの批判者は，それが企業指導者たちの注意を事業活動以外の諸活動に集中させることを奨励すると主張する。真実からかけ離れているのもはなはだしい。現実には，資金拠出者の利益とその他の利害関係者との間に対立は内在しない。もし私たちが正しいとしたならば，他の利害関係者に注目を払うことなくして資金拠出者にとっての価値を極大化する道は，簡単に言ってありえない。しかし，そればかりで

はない。

　前世紀，そしておそらくは次の世紀も前例の無いほどの経済的・技術的進歩を生み出すであろう。その進歩は主として，利害関係者に対して価値を創造する企業家その他の企業指導者の能力に起因する。企業について，より広く利害関係者の観点から考えることは，資本主義を，「それは金銭がすべてだ」との理由のもとに，道徳的，倫理的に疑惑のある社会制度としての地位に置くことから，解放する可能性を有する理念である。いうまでもなく，金銭は重要である。しかし，それは顧客・従業員・納入業者・そしてコミュニティーに対して創造された価値としてである。

　企業によっては，資金拠出者のための価値を極大化することを実際に試みようとするものもある。大部分はそれとは異なった目的意識，もしくは，少なくとも顧客および従業員のための価値の創造を常に含む，といった信念を有する。企業の中には大義名分に基づく取り組みとして，社会の変革を試みようとするものもある。大部分が，人々の生活が改善され，豊かになることができるようにするための価値の創造を望んでいる。利害関係者志向の経営は，企業が経営を成功させるには多くの方法があることを，私たちに示してくれる，多面性を具えた理念である。一つの制度（institution）としての企業が健全で，繁栄し，私たちの生活を改善してくれるのであれば，この経営の方法ならびに理念の有する多様性（diversity）は，それ自身が優れているのである。

資本主義と複数価値の論理

　企業は「複数価値の論理」，すなわち，複数の価値が経済活動の真の基盤を構成する様式ゆえに機能する。21世紀の実業界においては，社会における企業の真の目的は利害関係者のための価値の創造と連関している。私たちは企業を，利害関係者の相互作用のための制度と見ることによって，より良く理解することができる。株式会社はまさに，それによって利害関係者が相

互の価値を創造するための共同的かつ協働的な事業に従事するための手段なのである。資本主義は，この見解においては第一義的に，技術革新，価値創造，ならびに交換の協同的な体制なのである。まさにそれは，私たちがこれまでに発明した，最も強力な社会的協同の方法なのである。競争は二次的なものであり，イノベーションを加速させる，創発特性（emergent property）に相当する。この「利害関係者資本主義」（"stakeholder capitalism"）の見解においては，企業は，革新的であり，共に創造することを，人々が望むがゆえに活動するのであり，単に競争的であるがゆえではない。

利害関係者志向の経営：基本的構図

　図1.1は，この「利害関係者志向の経営」観を採用する基本的理念を図示したものである[4]。第1に，私たちは利害関係者を，企業の目的の達成に影響を及ぼすことができるか，もしくはそれによって影響をこうむる，集団もしくは個人と定義してきている。内側の円に含まれるこれらの集団を，私たちは第一義的利害関係者と呼ぶことにするが，それは大部分の事業活動を明確にする。明らかに，経営者たちはこれらの集団に対し，特別な種類の関心を払うことが必要とされる。経営者は顧客，納入業者，資金拠出者，コミュニティー，そして従業員たちの利害に関わる各種の価値および目的を理解することを必要とする。これらの集団は，会社が設立され存続するか否か，目覚しい業績を達成し，それを維持することができるか否かを明白に説明する。顧客，納入業者，従業員，そして資金拠出者の間の関係を考慮に入れない枠組みを理解することは困難であり，企業と経営に関する私たちの主要モデルは，これらの集団に対する奉仕の改善の上に構築されている。少なくとも，相対的に自由で，開放的な社会においては，しかしながら，コミュニティーもまた，第一義的利害関係者の限られたリストに含まれねばならない。企業を規制するために政治的手続きを用いるコミュニティーの人々の請願は長く，そしてわびしく，それが存在するのは，主として私たちの企業の枠組

図 1.1. 基本的な二層の利害関係者相関図

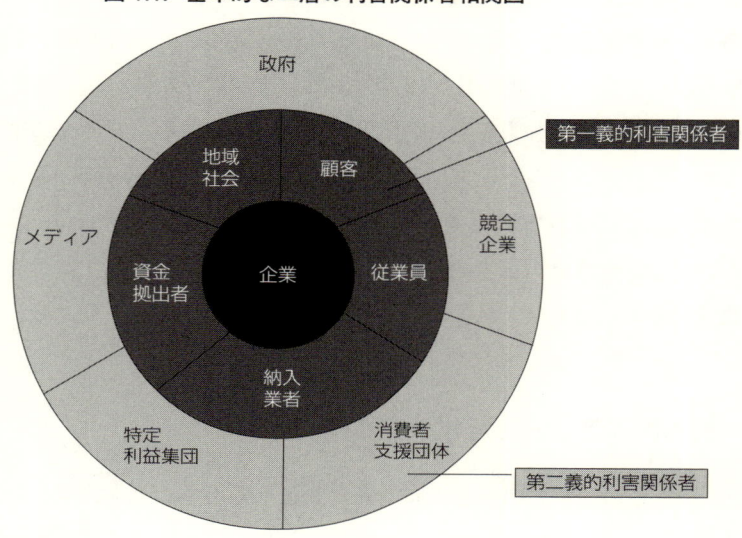

みが重要な利害関係者としてのコミュニティーを無視してきたからである。

　図 1.1 の外側の円は株式会社に対して影響を与えることができ，もしくは株式会社によって影響をこうむる，もう一群の集団を示す。これらのそれぞれは株式会社と第一義的利害関係者との間の関係に影響を及ぼすことができる。環境主義者は，株式会社がコミュニティー，あるいは特定のセグメントの顧客と対応することに影響できる。政府は製品およびサービスの設計や納入に対し，抜本的な変更を加えることができ，また，資金拠出者に対する情報の流れや，従業員関連の許容される慣行などを規制するため，第一義的利害関係者のそれぞれに対し影響を及ぼす。

　図 1.1 は高度の正統性を有する集団（第一義的利害関係者）のみを包含して，私たちが利害関係者を極めて狭く定義せねばならないと信ずる理論家や経営者たちの見方を代表する。それは，もしも一集団が，たとえ間接的にもせよ，株式会社に影響を及ぼすことができるとするならば，会社はその集団との関係について戦略的に考えることを必要とするかもしれない，と論じてきた戦略論者をも考慮に入れている[5]。

特定の会社の利害関係者相関は図1.1とは異なるであろう。防衛産業の企業では各種行政機関が第一義的利害関係者であろう。有毒廃棄物処理企業は環境主義者たちを第一義的利害関係者と考えることが必要であろう。誰が第一義的利害関係者であり，誰が副次的利害関係者であるかは，大部分，その会社の全般的目的に依存する。

　私たちの議論は単純である。図1.1に描かれ，本書の後続部分に描かれる利害関係者の枠組みは，少なくとも今日の変化に満ちた世界においては，企業に関する何らかの実践的理論もしくはモデルを基盤とするものでなければならない。企業における利害関係者を定義し，描写する方法には多くのものがあり，私たちは第3章において，この点に立ち戻ることとする。

変化の役割

　少なくとも四つの大きな趨勢があり，そのそれぞれが企業に対して重大な影響を与えている。第1に，私企業に対する政府の計画および統制の増大が必要であるとは，ほとんど思われなくなっている。現に，世界中で行政府は既存の市場を維持し，企業を私的団体の地位に置き続け，産業における自己の権益を，相次ぐ産業の民営化を通じて売却しているが，一方では，しばしば強力な法規的統制を回復しつつある。市場は一段と開放的で自由になりつつある一方，規制に対する着実な圧力も依然として存在するが，地球上，いずれの国の政策担当者も大部分は市場・会社・そして投資の基本的過程が繁栄の鍵であることを認識している。

　第2に，市場の自由化と並行して，世界のいたるところで，政治的機関の自由化が進行している。共産主義の崩壊，日本やインドネシアのような異なった国々における，より市場志向的な改革に対する圧力，中国における市場改革，かつて閉鎖的であった諸社会の開放などが，いずれも企業にとって利用可能な機会に対する絶大な衝撃を与えてきている。今日の企業は，今までに例のないほどグローバルである。

第3に，過去数十年間，私たちは環境に対し，一段と注意する必要があることを見出してきている。非政府組織（NGO）に先導されて世界中に広がったこの環境意識は企業における技術革新の富へと導いてきている。スリーエムはその廃棄物から作られた製品を販売している。パタゴニアのような会社は，かつては屑であったであろうものから有用な製品を製造している。米国の自動車製造企業でさえ，内燃機関をより清浄化する新技術を発明しつつある。加えて，多くの人々が，環境的諸価値はいまだ初期段階にすぎないと論じてきている。企業は公衆衛生，教育，その他，企業の行動結果が，より広い「市民社会」にとって重要性を持つ，その他の社会的課題事項に対しても注意を払うことができ，そして，それをしなければならない。急速に広がりつつある一つの動向が社会的責任投資である。2兆ドル以上の資金が，社会に対する各種の効果に関連する評価基準に合致する諸会社に対し，選別的に投資されてきている[6]。

　最後に，これら三つの傾向は，第4の動向によって，さらに加速される。それは情報技術の劇的な進歩である。情報革命は地球上のすべての企業が巨大な生産性向上とイノベーションを実現することを可能にしてきた。今日の世界は，ワイヤレスやプラグインにより接続され，スイッチで始動することができる。情報技術は，私たちが相互に働く様式の性質そのものを変化させ，場所を越えた知識を強調してきている。

　これらの動向のそれぞれは利害関係の複雑性と密度の階層を増加させてきている。IBMが語るように，それが「オン・デマンド」の世界であるか，あるいは利害関係者の相互連結関係がコミュニケーションをより容易にしているか，いずれにせよ，今日の世界には秘密がほとんどない。経営者は金魚鉢の中にいるように衆人環視のもとにある。彼らは直面する多くの変化を容易に統合する思考様式を必要とする。単純に，株主価値や持分所有者価値に焦点を合わせるのでは救いようがない。

利害関係者中心の思考様式の採用

　利害関係者中心の思考様式の採用とは，企業がまさに利害関係者のための価値を創造しているとの理解を意味する。創業当初の企業から大規模な官僚制的な企業にいたるまで，企業は顧客・納入業者・従業員・コミュニティー・資金拠出者が，それぞれの欲求および願望を長期にわたって充足する場合に機能する。利害関係者中心の思考様式の核心的洞察はこれらの集団の利益が長期にわたって調和しなければならないということである。一つの集団の利益を他の集団の利益とを恒常的にトレードオフの関係とみなすような企業は混乱と破綻の運命にある。

　利害関係者の利害を対立よりは一体のものと見ることは困難である。すべての利害関係者の利害を調停する方法を見いだすことは必ずしも容易ではない。相互にトレードオフの関係にあるかのように扱う方が容易である。収益を少々高く維持するために，顧客のための新製品への支出を先送りしたらどうか。新しい在庫統制シシテムに投資するために従業員の医療費支給を先送りしたらどうか。

　利害関係者中心の思考様式は各種の疑問を再構築することを経営者たちに求める。私たちはいかにしたら，新製品に投資し，かつ高収益を創出することができるのであろうか。いかにすれば，従業員の健康と幸福を維持しつつ，在庫統制システムのような新しい情報技術の便益を確保することができるであろうか。企業と経営についての私たちの現行の考え方は単に誤った問いを発しているにすぎない。それは，私たちが利害関係者たちの間に負担と便益とをいかに配分すべきかを問うている。利害関係者志向の経営という思考様式は，私たちがいかにしてすべての利害関係者のために可能な限り多くの価値を創造しうるか，を問う。ビル・ジョージは，メドトロニック社のCEOとしての経験を回顧した近著の中で，利害関係者志向の経営という思考様式を次のように要約している。「利害関係者の全てに奉仕することが長期にわたる業績を生み出し，成長し・繁栄する会社を創出する最善の道であ

る。……これについて，極めて明快に述べさせていただくならば，利害関係者のすべてに奉仕することと，株主に優秀な収益を提供することとの間には，何らの葛藤もない。長期的には，それなしに収益を上げることは不可能である。しかしながら，これらすべての利害関係者集団に奉仕するためには，規律，洞察力，そして責任ある指導が不可欠である」[7]。

エンタープライズ戦略と倫理および価値との連結

　事業を利害関係者たちに対する価値の創造と考えることを始めるならば，次の段階に進むことは容易であり，かつ必要である。すなわち，価値創造の過程を，本質的に，倫理と価値観に関わるものと見始めることである。倫理と価値規準の問題は利害関係者志向の経営の中核に位置する。経営者はいち早く，その過程に位置しているため，彼らが価値を創造する相手の利害関係者に対し，的確に対応しなければならない。

　倫理に対する注目の増大を声高に呼びかける今日の高度に緊張した事業環境は，倫理が事業から分離した企業についての理解に基づくものである。そして，改革を求めるこれらの呼びかけには何らかの真理がある。私たちは事業のうちに，より多くの倫理を必要とする。しかし，一つのより良い理念でさえ，倫理が企業の基盤そのものに組み込まれることを私たちが確認できるように，私たちの事業に関する考え方を変化させるであろう。利害関係者志向の経営の目的はこのような変化を引き起こし，資本主義に関する，より適切な見解を提示することにある。

　資本主義の美点は利害関係者のための価値を創造する，多数の方法が存在することである。また，利害関係者には多くの選択肢も存在する。個人的および会社的価値について，極めて明確になることによってだけでも，経営者は利害関係者志向の経営の力を統御することができる。

　利害関係者志向の経営はエンタープライズ戦略（enterprise strategy）と呼ぶ概念に依拠し，「私たちはいかなる事業に従事しているか」といった経

営戦略の標準的な問題を，論理的に先行する諸問題に置き換える。葛藤と利害関係者に満ち，絶えず変化する世界における経営は，私たちが次のような諸問題に回答しなければならないことを意味する。「利害関係者たちのそれぞれをより良くさせるために，私たちはどうすればよいのか」，「私たちは誰のために尽くせばよいのか」，「私たちはどの利害関係者に奉仕したいのか」，「何が私たちの願望なのか」，「私たちは世界に対し，いかなる遺産，もしくは影響を残したいのか」。これらの問いは私たちがもはや事業において基本的倫理および価値基準を無視することができないことを意味する。私たちはもはや事業が倫理とは別物であるかのように扱うことはできない。私たちはエンロン，アーサー・アンダーセン，タイコなどのようなスキャンダルの次の波を甘受するわけにはいかない。この種の事態を回避する一つの道は株主のみを重視するモデルを利害関係者志向の経営の概念のようなものに置き換えることである。

　エンタープライズ・レベルの戦略は四つの部分から成る着想である[8]。初めに，企業は明確な目的を持たねばならない。それらは中核的利害関係者を共鳴させ，「仲間に入れ」と呼びかけ，企業と取引させるものである。ウォルマートやメルクなどのような，すでに確立された会社の場合には，これらの目的はすでに「毎日が低価格」（EDLP；everyday law price)，あるいは「生命を救う医薬品の発明」といったスローガンで明瞭に表明されてきている。ジム・コリンズとジェリー・ポラスは「永続」会社の記録を整理し，そこでの目的が存在していることを明らかにしている。そのような歴史を持たない他の会社においては，恐らくその目的がさほど明確に提示されてはおらず，そのため，多くの仕事がなされることになる。目的とは，明示すべき理由なのである。創業早々の最も小規模な企業であっても，顧客および従業員に対して，創業，価値の創造ならびに取引に従事する理由を明示しなければならない。企業は顧客ならびに，その他の利害関係者に対する最初の誓約なくしては離陸することができない。

　次に，その事業との持続的な関係を維持せねばならぬ理由が存在するため

には，利害関係者の積極的な関与を長期にわたって得るための一連の原則あるいは方針が存在しなければならない。たとえば，ウォルマートの顧客の場合には，ウォルマートの行うことのすべてが「毎日が低価格」を創造することを目指しているかを認識しなければならない。そこに，その関係に対する予測可能性と一貫性とが存在する。

　第3に，エンタープライズ戦略では社会的期待が利害関係者たちのための価値の創造と維持の過程に一つの役割を演じていることを認識しなければならない。ある会社が社会の特性に反する行動をしているとき，その会社はそうしていることを認識し，その行為の社会全体への影響を緩和することを試みる戦略を導入することを実現しなければならない。たとえば，ウォルマートは地域の目抜き通りにあった商店街を崩壊させ，家族経営の零細商店と替わったことを批判された。米国のいくつかの地域では，特定の反ウォルマート地域規則が制定されたことがある。ウォルマートの対応はウォルマートの顧客たちが毎日，彼らのお金を使って投票し，ウォルマートがより良い価値を提供したがゆえに，家族経営の零細商店が破綻した，というものであった。会社が「正当」な立場にあった事実にもかかわらず，ウォルマートの経営陣は彼らがまさに，社会の特性に反する道にあったことを理解する必要があったのであろう。彼らは，もしも可能ならば，これらの結果を改善させたかもしれない何らかの発案を実行すべきであった。

　最後に，エンタープライズ戦略は倫理的リーダーシップの精神において執行されなければならない。多種多様な利害関係者，複雑な事業環境，そして事業から最悪のものを予期し，ますます厳しい要求を行う公衆が存在するかぎり，私たちは価値が創造される方法の基礎に倫理を構築しなければならない。指導者たちは不正が行われていることに対して知らぬふりをすることはできない。彼らは，金魚鉢の中にいるような，衆人環視のもとにいるのである。その上，さらに重要なことは，大部分の企業人は実際に，善良で倫理的な人々であるということである。私たちは彼らが「どん欲な小悪人」の群という，昨今の資本家観に拘束され，互いにそれに加わろうとするよりは，む

しろ，彼らが倫理的指導者であることを期待するような枠組みを必要とする。

エンタープライズ戦略は企業全体の管理についてのものである。それは，原材料から最終消費にいたる価値創造ならびに取引の完全な連鎖に関するものである。伝統的には，企業を価値創造の連鎖の一部分に対してのみ責任を有するものと考えることができた。社会は，企業に対し，納入業者が企業に販売するものをいかに変容させるかに関して，企業に説明責任を負わせている。責任は個別的であり限定されているものと見られる。もしもある会社が，欠陥製品を製造するならば，もちろん責任はあるが，それは自身の行為に限定されていた。今日では，ますます価値の連鎖は責任の連鎖となっている。図1.2が示すように。会社はますますその価値の連鎖の全体を通して，彼らの利害関係者の行為の結果に対して説明責任を負いつつある。ナイキは，その納入業者の労働慣行に関して説明責任を負っている。食品会社や飲料会社はますますその製品の効果に対して説明責任を負うようになっている。あなたが支持することがらについての明確な意識なしに，この利害関係者と課題事項との茂みのような複雑な問題に対応することは不可能である[9]。

図1.2. 価値の連鎖と責任の連鎖

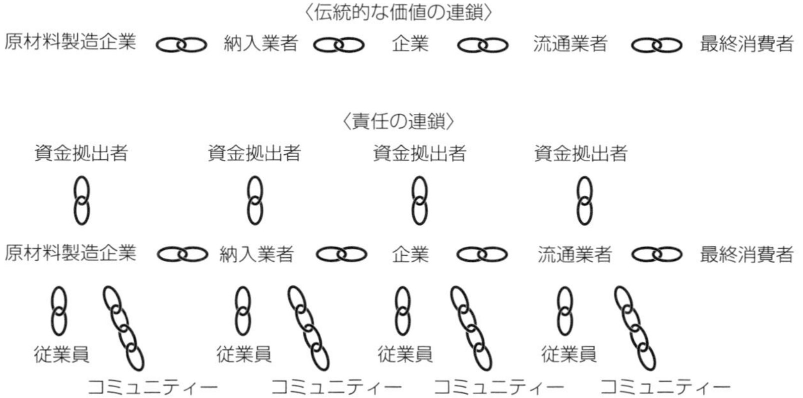

〈伝統的な価値の連鎖〉

原材料製造企業 ○○ 納入業者 ○○ 企業 ○○ 流通業者 ○○ 最終消費者

〈責任の連鎖〉

資金拠出者　　　資金拠出者　　　資金拠出者　　　資金拠出者

原材料製造企業 ○○ 納入業者 ○○ 企業 ○○ 流通業者 ○○ 最終消費者

従業員　　　　従業員　　　　従業員　　　　従業員

コミュニティー　コミュニティー　コミュニティー　コミュニティー

日常の事業過程

　利害関係者中心の思考様式とエンタープライズ戦略の理念は，究極的には，事業を通じて全員に普及しなければならない。過去20年以上にわたり多くの技法が，中核的利害関係者たちとの関係の管理について，経営者を支持するために開発されてきた。まず第1に，私たちは，誰が私たちの利害関係者であるかを定義する十分に詳細なアプローチを採ることが必要である。セグメント分析は，顧客もしくは市場別のみならず，利害関係者集団全体に対して適用されなければならない。利害関係者志向もまた関係と行動の現実的評価に基づいて遂行されなければならない。政治の世界ならびに政治的急変の際においては，ある戦略のすべての意味内容が公共的に分析され，私たちは具体的な利害関係者行動について考えることを必要とする。

　利害関係者のための価値の創造は，彼らの欲求と関心を理解し満足させることに関係する。経営者は各利害関係者の(1)実際の，もしくは現在の行動，(2)その協調の可能性，もしくは一企業がその目的を達成するのを支援する能力，そして(3)抵抗の脅威，すなわち一企業がその目的を達成するのを阻止する能力――などを理解することが必要である。利害関係者間の関係を効果的に管理することは，利害関係者の態度に関するものではなく，事業についての彼らの行動ならびに信念に関してより多くなされるものである。ある特定の利害関係者集団は，ある企業が単に彼らの要求に適合しようと望まないか，もしくは他の集団の要求を先行させようとするならば，関与は脆弱になり，その集団の行動は抵抗の脅威を呈しがちとなり，究極的には価値創造過程を離脱することになる。

　利害関係者別の基盤に基づく利害関係者志向の経営へのアプローチに加えて，経営者たちはまた，利害関係者集団を横断的に統合しなければならない。その鍵は，多数の利害関係者集団に同時に呼びかけ，彼らを同時に満足させる戦略と実行計画を見いだすことである。たとえば，より良い燃費を可能にする車を製造することによって，環境主義者集団を満足させることもそ

の一つであるが，全く別に，燃費が良く収益性もあるSUVを製造することによって，監督政府機関や株主たちのような他の重要な市場セグメントを満足させることも，一つの方法である。

　利害関係者に対応する基本的なプロセスの設計には，四つのアプローチが可能である。もちろん，会社によっては利害関係者を安易に無視し彼らに対して何もしないで，いかなる資源も配分せずにいることもできる。いくつかの例では，これは実行可能なアプローチである。しばしば，それは意図的に行われることはないが，特定の利害関係者集団だけが，無視される。第2の戦略は，私たちが「広報アプローチ」と呼ぼうとするもので，経営者たちは会社の物語に基づいて意思決定をし，イメージ広告，世論形成者たちとのコミュニケーション，等々の戦略を用いて，その物語を周知させる。これもまたしばしば当然のものとされ，効果的ではあるが，今日の実業界では，また会社のそれまでの活動によっては，いくつかの構成員の中には深い疑念も存在しうる。第3の方法は，会社が暗黙の交渉を行うことである。この見解においては，経営者は戦略を策定する際に，利害関係者の立場を考慮に入れるが，彼らと直接の連絡や交渉はしない。もちろん，この戦略は特定の利害関係者たちの欲求と願望に関する情報と同じだけ有効であるにすぎない。

　ますます多くの事例において，経営者は利害関係者との直接の接触，直接の交渉，そしてコミュニケーションにおいて戦略的な姿勢を必要とされる。ここ数年，これは利害関係者との共創と呼ばれてきている。それは，「双方に利益がある」ような解決を見いだす最も容易な方法となり，誠実なコミュニケーションが関係性を構築する。このような明示的な交渉とコミュニケーションは，もはや計画的になされるものではない。それはしばしば時間を要し，対等な意見交換を伴うからである。その結果は利害関係者関係における流動性と曖昧性であり，それは管理することを困難にする。そのプロセスは，リーダーシップについての異なった理念を求めることとなる。

リーダーシップの役割

　ビジネス関連の書架でリーダーシップに関するものより広い場所を占める単独のテーマは他に無い。事実，私たちの歴史上の事例や研究にもかかわらず，私たちは，リーダーシップについてそれほど多くを知っているとはいえない。一つの概念としてのリーダーシップの有用性に関して疑問を抱く者さえいる。

　実用的な意味においては，CEOたちは「トップの気風」について多くを語り，それにより，トップの地位にある者が他の人々の行動に対する模範を提示し，できれば滝のように組織に流れる役割モデルを示そうとしている。「トップの気風」という理念は，リーダーシップと倫理とを連結させることである。私たちが最近のスキャンダルの最大の悪習のいくつかを見出すのはまさにそこなのである。豪華な数億万ドルの誕生祝賀会の開催から，一事業立ち上げの際に諸資源の「盗掠」を行った人物に対する公然たる賞賛にいたるまで，経営者のリーダーシップ行動は実に異なるものである。こうしたことは，多数の利害関係者の圧力，価値基準の対立，そして結局のところ経営者は株主だけを考慮しなければならないという標準的な思考様式が見られる世界において，見られるものである。それゆえ，私たちはすべての利害関係者のための価値の創造を促進するような，倫理とリーダーシップとの間の連結の仕組みを探求せねばならない。

　私たちはリーダーシップには三つの型があることを提示する。(1)道徳観念を欠くリーダーシップ，(2)価値基準に基づくリーダーシップ，(3)倫理的リーダーシップがそれである。

　道徳観念を欠くリーダーシップという概念は，人に仕事をさせることを強調するリーダーシップの側面に焦点を置く。おそらく道徳観念を欠くリーダーシップは，それから生じる結果を評価し，その良否を判定するが，それは終わったことについてとやかく言うような仕事である。倫理とリーダーシップとの，こうした連結もしくは不連結のしかたは成果の達成に焦点を置いて

いる。私たちの事業での経験において，道徳観念を欠くリーダーとして出発した者はほとんど誰もいなかったが，多くの経営者が価値と倫理の問題を正面ならびに中心においていなかったがゆえに，そうしたリーダーで終わってしまったのである。

　価値基準に基づくリーダーシップおよびそのようなアプローチを推奨する思想家たちは，価値基準がリーダーシップの職務の重要部分であることを認識している。彼らは，真のリーダーは善良な性格でなくてはならず，正直，尊敬，誠実といった価値基準を保持しなければならないとしている。彼らは品格もしくは徳性に基づく倫理的見識に焦点を置き，それは正しいことを行おうとするリーダーの衝動やその意志が本物であることを頼りにする。そのようなアプローチに誤りはないが，今日の世界においては，十分とはいえない。あまりに多くの対立や「正しい解答」があり，また，あまりに多くの利害関係者相互間の関係があって，それらが均衡されねばならないからである。価値基準は重要であり，良いリーダーは彼ら自身の価値基準と他の利害関係者の価値基準とを知らなければならないが，彼らはさらにそれ以上をしなければならない。

　倫理的リーダーシップは価値基準，原則，害悪と便益，品格の問題，利害関係者間関係の有効性，その他，多文化的環境の中での複雑な課題事項などの検討過程に関わらねばならない。文化，権力，ジェンダー，人種，性差，年齢，そして能力など，すべてが複雑で，注目されるものであり，倫理的リーダーはこれらの課題事項を処理しなければならない。倫理的リーダーの任務項目には，成果を達成する厳しい決断に加えて，好奇心と謙虚さが求められる。倫理的リーダーは彼らの事業が主要利害関係者のそれぞれをいかにして向上させるか，あるいはいかなる事業が利害関係者間の相互関係を改善させるかを明示し，具体化することができなければならない。倫理的リーダーは彼らの目的についての明確な定義を有さねばならず，その事業がいかにして社会をより良くさせることができるかについての社会的な対話に取り組まねばならない。倫理的リーダーの任務に関しては，第6章においてさらに述

べることとしたい。

　私たちは以下，次のような順で論を進める予定である。第2章は利害関係者志向の経営を必要とするにいたった各種の変化について検討する。第3章は利害関係者志向の経営の基本的な思考様式と枠組みについて説明する。そこでは私たちの接近方法の基礎をなす一連の原則を説明し，それらの原則が次の三つの水準にいかに適用されねばならないかを説明する。三つの水準とは，全体としての企業，利害関係者の管理に用いられる事業のプロセス，そして主要利害関係者との日常の取引である。

　第4章では，私たちは「エンタープライズ戦略」の理念を詳細に提示し，それが戦略的思考の最善のものと，倫理的思考の最善のものとを結合することを示す。それは，会社の理念と価値基準と密接な関係がある。私たちは利害関係者志向の経営のアプローチが事業を，価値基準と倫理，さらには社会的責任と結合させるために用いられうることを示す。私たちはこれらの着想をすでに活用してきている多くの会社の実例を紹介する。

　第5章は，利害関係者との関係を管理している企業に対する多年にわたる観察と，こうした会社の一部に対してその改善を支援してきた経験に立脚している。私たちは利害関係者のための価値の創造に向けられる七つの具体的かつ実用的なテクニックを提示する。これらのテクニックはすべて，利害関係者たちとの実践的で日常的な相互作用のある現実の世界を対象としている。

　第6章では，私たちは全体の動きにもどり，利害関係者志向の経営がいかに新しいタイプのビジネスリーダー，すなわち私たちが倫理的リーダーと呼ぶものを必要としているかを示すこととする。私たちは経営者たちがどのように働くことによって倫理的リーダーとなることができるかについて，いくつかの助言を行い，共通する隠れた危険について考察する。

　最後に，補論において，利害関係者志向の経営について頻繁に発せられる質問を紹介し，また，間接的ではあるが，過去25年の間に増大した，利害

関係者概念をめぐるいくつかの神話と誤解について紹介する。

　私たちは，せめて一つの展望を与えることを希望している。それは，利害関係者志向の経営を明確に企業の活動を支持するものとし，私たちの価値創造と取引のシステムの勝利と成果を称賛するとともに，今日の事業環境における困難と課題を認識するものにすることである。

2

21世紀における企業

　ボブ・カリングウッドは，社有ジェット機の座席を倒し，これからの2週間について考えた。彼はその期間を何とか乗り越えることができると思う一方，どれほどの間「燃え尽き」症候群に陥るのを避けることができるかについては，確信が持てなかった。彼は同僚の多くにそれが降りかかるのを見てきた。仕事に関し，彼らはある地点までは到達したが，危険かつ思慮不足な意思決定を行うことにより，専門職業人として自滅するか，もしくは，約束を反故にしたり信任に対する違反をしたりしたために個人生活が破綻した。ボブはいずれの道をも避けることを決意した。

　彼は，およそ15年前に在籍していたMBA課程の2年間を思い出した。一企業を最も単純な構成要素に分けて分析し，再び統合する方法など，多くの新しい技能を学んだ。それらは，単なる財務的および数量的技能ではなかった。彼が関心を持ったのは，育成すべきものは，彼のために働いている人々である，と「人間」（human）コースの担当教員が話したことである。しかし，それさえもまさに十分ではなかった。もちろん彼には，より有効性の高い市場分析，より良い財務数値，そしてより優れた人的資源が必要であ

った。しかし，いくら時代に適合するように試みても，変化のスピードは速く，彼の持っている手法を用いて，ただ熱心に働くことだけでは不十分であるように思われた。ボブには何かが必要であった。それは，すさまじい変化や混乱により特徴づけられる現実の実業界を通して考えることへの助力となるものであった。

変化の問題

　企業は，極めて基本的なところで変化をしてきている。私たちの理論やモデルは，これらの変化に対応することができないでいる。それゆえ，今日，多くの企業に影響を与えている危機感，不適合，そして急速な変化という風潮は収まりそうにない。ベストセラーリストの上位を占めている企業関連の図書は，それぞれ，魅力のある断片的な解決法を提示している。しかし，私たちが必要とするものは，企業と経営の基本原理についての新たな思考方法である。

　本章の目的は，企業に関する私たちの理解に影響を与えている変化のいくつかを提示し，驚くべき価値創造の，原動力である資本主義を継続するために，「利害関係者志向の経営」という枠組みの必要性を示唆することにある。利害関係者志向の経営についてこれ以上言及する前に，そのような新たな枠組みを明らかにすることは重要である。事実，ボブ・カリングウッドや彼の同僚が直面した変化は，企業の歴史上，例がない。これらの変化は，企業と資本主義，双方に対する現行の理解の仕方を，甚だしいまでに不十分なものにしている。

支配的な枠組み：経営者資本主義

　現代企業は，人類史上，最も重要な革新の一つとして20世紀に出現した。しかし，私たちが現在経験している変化は，再認識を求めている。「利害関

係者志向の経営」，または「利害関係者資本主義」と称するものを示す前に，それまでの支配的な説がいかに語られてきたかを理解する必要がある。

　過去のいたるところにおいても組織体は極めて単純な構造であり，「事業を行う」ことは，納入業者からの原材料の購入，その製品化，顧客への販売，という過程で構成されていた。多くの所有企業家は，このような単純な企業を設立し，彼らの家族と協力して働いていた。家族支配という形態を採る企業は，今日においても，新事業を着手するに際し，いまだに大きな割合を占めており，実際，これは地球上のどこにでもある。組み立てラインのような新たな生産過程の開発は，職務に専門化をもたらし，より多くの仕事が達成されることを意味した。新技術と新動力源は，容易に利用することが可能となり，人口統計学的要因から都市部における生産の集中が有利になった。これらのことと他の社会的・政治的諸力が結びつき，大部分の個人は，所有者・経営者・従業員であるという従来の範囲を完全に超える多額の資本を求めた。さらに，労働者もしくは家族以外のものが，企業を支配し始め，それが例外というよりはむしろ原則となったのである。

　資本が銀行，株主，その他の機関から調達されるようになるにつれ，企業の所有権はさらに分散した。まさに企業経営は企業の所有権から分離された。そして，企業経営を成功させるために最高経営者たちは，所有者，従業員や労働組合，納入業者，顧客を同時に満足させなければならなくなった。こうした企業の組織的体制は，経営者資本主義ないし自由放任資本主義，また，より最近では株主資本主義として知られることとなった。私たちはそれを「利害関係者中心の見解」ないし「利害関係者志向の経営」と区別するために，「経営者的見解」と呼ぶことにする[1]。

　企業が成長し事業活動も分散し始めると，経営者は分社制企業を介しての統制手段を展開した。GMでは，アルフレッド・スローンの指揮の下に本社要員を擁する分社制企業が広く採用された[2]。経営者の権限に関する支配的なモデルは，軍隊組織ならびに行政官僚制組織であり，合理的な構造と過程の創設は，企業成長の整然とした進展が適切に管理されることを可能とし

た。

　米国とEU（欧州連合）においては，経営者主義，階層制，安定性，さらに予測可能性のすべてが同時に展開され，人類史上，最も強力な経済制度を形成した。官僚制および経営者主義の隆盛はあまりにも強力であり，経済学者ヨゼフ・シュンペーターは，そこにおける予測可能性や安定性に向かう推進力が資本主義の創造力を一掃し，技術革新を抑制するであろうと予想した[3]。

　過去30年間，この経営者モデルは，経営者を悩ませる最も重要な集団，すなわち株主を企業の中心に置いてきた。この思考様式は，株主ならびに株主のための価値創造に，より大きく焦点を合わせることで，実業界においてますます増幅する複雑さに対応してきた。株主価値を増大させることは一般的な見識となってきており，多くの会社が，株主の利益と経営者の利益とを結びつけることを意図して，複雑な奨励給制度を採用している。その報酬制度は，四半期ごとの1株当たりの利益について，ウォールストリートのアナリストが予想する最小の額ではなく，多くの要因により，当該会社の株価としばしば連動する。ウォールストリートの目標を達成し安定性と予測可能性とを備えた，四半期ごとの1株当たりの利益の増大は会社の業績評価の基準となった。会計原則や法に違反したエンロン，ワールドコム，タイコ，アーサー・アンダーセン等における近年のスキャンダルは，部分的には株主価値の増大を当てにしたことに起因している。残念ながら世界は変化してきている。その結果，株主中心的アプローチの要求する安定性と予測可能性はもはや保証されない。

変化と経営者的企業観

　株主を中心に置く経営者的企業観は，本質的に変化に抵抗するものである。それは，株主の利益を，顧客，納入業者，従業員，等々の利益よりも上位に，あるいはさらに超越したところに置く。あたかも，それらの利益が相

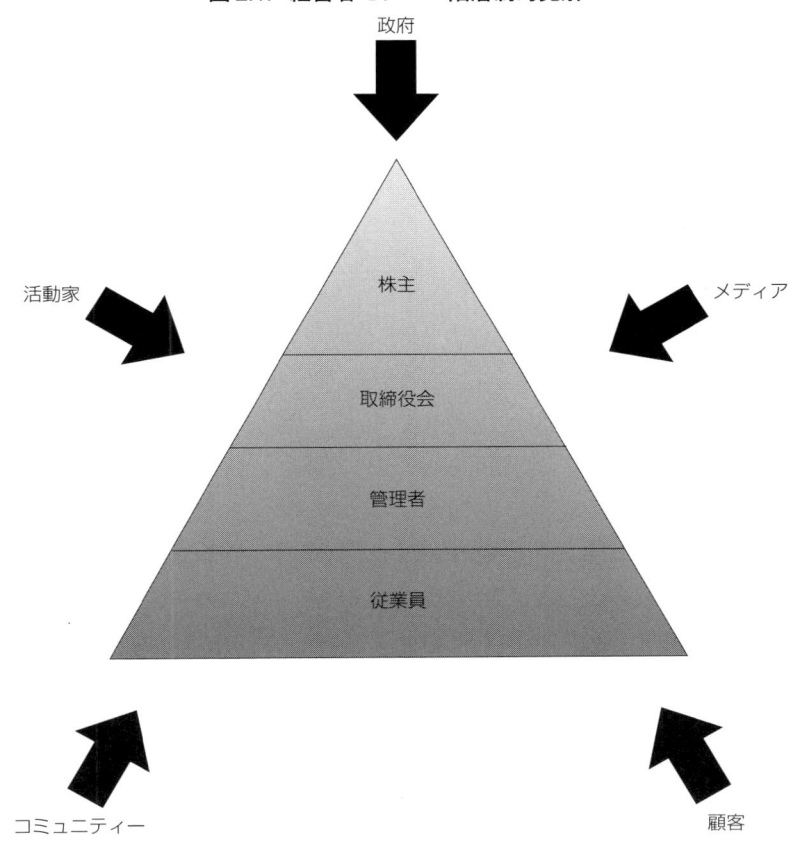

図2.1. 経営者モデル：階層制的見解

（ピラミッド図：上から 株主／取締役会／管理者／従業員。上から「政府」、左上から「活動家」、右上から「メディア」、左下から「コミュニティー」、右下から「顧客」の矢印が向けられている）

互に対立せねばならないかのように。そして基本的には，株主利益のために行動する権限をもって結びついた階層的組織として企業を理解する。図2.1は，この階層的モデルを示す。

「経営者は，株主のために働く」，「株主はボスである」，そして「従業員は，株主の要求に応じなければならない」というように，経営者は階層制に基づいて語ることが少なくない。この解釈に従うならば，変化は株主たちが不幸である場合にのみ起こるべきであり，経営者が一連の好業績を，より長期間，作りあげることが可能である限り，現状のままで問題がない。事実，

図 2.2. 経営者モデル：内部に焦点を置く見解

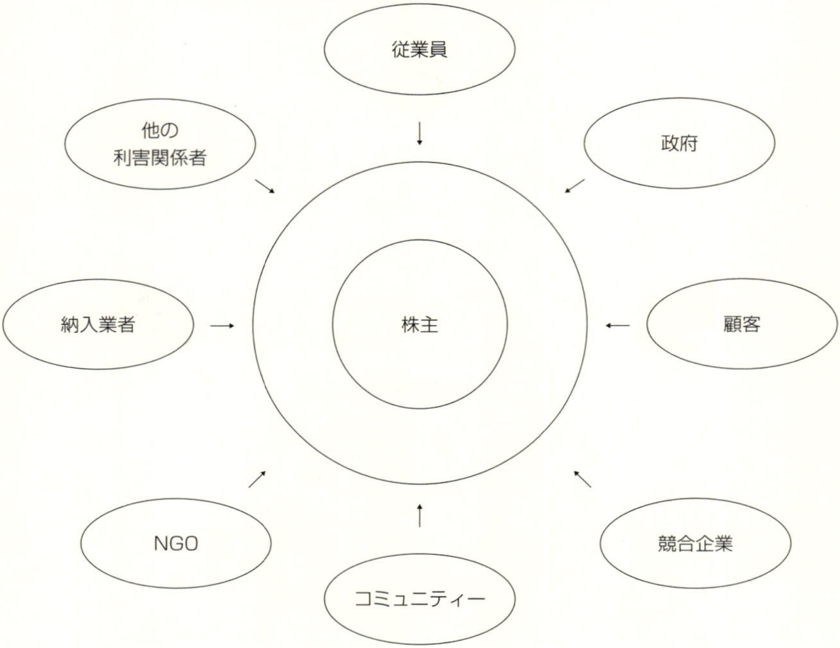

(図：中心に「株主」、その周りを「従業員」「政府」「顧客」「競合企業」「コミュニティー」「NGO」「納入業者」「他の利害関係者」が囲み、外側から中心に向かって矢印が向いている)

わずか1ペンスでも収益の予測が外れることにより，その株価が打撃を受けるという多くの事例がある。

　図2.2.は経営者的見解が，どのように内部に集中されているかを示す。

　一つの利害関係者集団，すなわち株主の利益に対し非常に多くの注意を払うことにより，経営者は，外部から，成長や技術革新に関する新たな諸源泉を見出すことができない。顧客や従業員の利益は，株主利益としばしばトレードオフの関係に置かれる（通常は事実に反するが）。不確実な状況下では，このようなトレードオフは，予測せざる否定的な結果をもたらす。

21世紀の実業界における変化

　今日の実業界は，実際，多くの方向から変化を経験してきた。そして予測

可能性と安定性はますます見出すことができなくなっている。変化は企業に関する三つの次元において生じ，それぞれがボブ・カリングウッドのような経営者に深刻な影響をもたらしてきている。

　第1に，企業をより複雑かつ不確実にする少なくとも四つの巨視的変化がある。第2に，企業を規定する重要な関係，すなわち，顧客，納入業者，従業員，コミュニティー，所有者との関係は，21世紀が始まると同時に実質的な変化を経験してきた。最後に，それら第一義的な関係に影響を及ぼす他の集団や個人の能力までもが劇的に変化し，それにより，行政機関，環境主義者，利益集団，マスメディア，さらには非合法集団までもが企業にかかわるようになってきている。

企業における四つの巨視的変化

市場の自由化

　経営者資本主義の支配的な枠組みの興隆期に，世界は，自由市場対国家所有ないし計画経済というイデオロギーの対立に関わっていた。多くの複雑な理由によりこの対立は終焉し，自由市場は勝者と宣言されてきている。いかに自由市場は勝利を得たのか。貿易の障壁は倒壊している。政府は国有企業を民営化している。誰もがそれに関わっている。最後の独占権の砦である公益事業も競争に向けて準備をし，英国やニュージーランドのような地域では，その競争がすでに日常化している。

　その結果，数年前には想像もできなかったほどに，今日では企業はグローバル化している。資本からジーンズにいたるまで，あらゆる市場が，理解しがたいほどにグローバルなレベルに立脚している。もしボブ・カリングウッドが有能であろうとするならば，彼はジャカルタやオマハにおいて通用する企業戦略を見出さなければならず，多くの環境の中で，効果的に機能することができる組織を創設しなければならない。市場がよりグローバルになると，人や組織もそれに適応しなければならないのである。

政治制度の自由化

　市場が開放され，一層グローバルになるにつれ，政治制度も，より自由化され，より開放的になってくる。ワシントンや東京を覆ってきたスキャンダルから，ベルリンの壁の崩壊にいたるまで，政治家たちは現代の科学技術が発達した生活の中で，衆人環視のもとの生活を強いられる。その結果は驚くべきものであった。かつてのソ連や東側諸国における共産主義の崩壊を誰が予測できただろうか。中国でさえも，共産主義国家を名乗ってはいるが，その体制は，中心において市場改革路線を採用する道を歩んでいる。「アジアの虎」と呼ばれる国々にも同様に，より民主的改革を求める圧力が高まり，インドネシアのような場所にいまだ存在する閉回路的同族資本主義に対する投資家の不信感を主因として，近年，その経済は低迷している。女性解放運動の高揚，マイノリティの権利という政治的問題の発生，さらには一般の人々によりグローバルに展開される人権運動などは，人々の政治に対する信頼の減少や，より民主的な改革に向けた圧力を生み出していることを意味する。これらの民主的改革は，部分的には情報技術によって支援されてきた。旧ソ連の通信社であるタス（旧ソ連国営通信社）が，インターファックスと称する通信社により，追い越されたという事実は見事な皮肉である。

　企業の衝撃は甚大である。過去10年間，かつての社会主義国の中に，新たな（そして，時には腐敗した）資本主義の諸形態が出現した。モトローラ，AT&T，コカ・コーラなどは，中国に大量の投資を行ってきた。日本企業は，南アジアに大量の資金を投下してきた。EUの登場により，加盟国政府には，共同体市場の建設者，貿易その他の経済活動の促進者という新たな役割が与えられた。

環境主義とその他の社会的価値の出現

　私たちが地球にとってそれほど良い受託者ではなかった，という事実は，過去10年間に，認識されてきている。新聞には，原油流出からスモッグに覆われた都市にいたるまで，最新の環境汚染の写真が数多く掲載されてい

る。事実の多くについて，科学者たちの意見が一致しているわけではないが，彼らは，地球温暖化や温室効果ガスの発生，熱帯雨林や生物の多様性の破壊，また，全生態系の健全性などの課題事項の存在には同意している。市場がより開放され，政府がより自由化されてきている世界において，私たちが企業について考える際，環境主義は組み入れられなければならない。なぜなら，それらの課題事項は非常に重大で，その結果も甚大となる可能性を持つため，後追い思考では手遅れなのである。

環境主義は，市場がグローバルであるという考えを裏づける。それは地球温暖化や生物の多様性というような重要な課題事項が，伝統的な国境を超えて，情報の共有と協力とを要求するからである。グローバルな気候変動に関する京都議定書の存在そのものが，現代生活に与える環境主義の大きさを物語っている。

一部の産業において，環境主義は文字通り競争の土台を変化させてきた。「事実がすべて生ずるまで待て」というアプローチを採用してきた会社がある一方で，環境に関する法律や条約に反対する院外活動に対し政治的圧力を利用してきた。スリーエムは汚染防止収益化計画を作成した。そこでは，すべての廃棄物の流れを製品に転換することを試みた。環境主義者により長期間，大規模な環境汚染企業と見なされてきたデュポンは，汚染ゼロへと取り組んできた。GEでさえもその活動に関わり，環境主義を，技術革新について考える際の貴重な方法として理解している。「環境にやさしいことを考える」という運動は，環境に関する考えと，事業活動のその他の部分に関する考えとを統合する道を探求している。

環境主義に加え，私たちは，企業が社会全体に与える影響について，公衆の意識の高揚を見てきた。社会的責任投資の発想は投資業界の急成長部門となった。そこでは，会社が，社会全体に与える影響に基づき選別される。一部の投資信託は，社会的責任を果たす会社にのみ投資するという発想に基づいて創設されている。活動家たちは，彼らが「グローバル資本主義」と呼ぶものと，その地域社会への影響を批判するために出現してきた。WTO

(World Trade Organization：世界貿易機関）や IMF（International Monetary Fund：国際通貨基金）のような巨大な国際協力機関は，経済政策が，地域の社会や文化を無視することで生ずる影響に対し，それへの厳しい非難を受けて生まれたのである。

情報技術の激変

　たしかに，市場と政治制度，双方の自由化，そしてある程度までの環境主義，その他の社会的価値観の広がりは，情報技術の成長に依存している。今日の世界は，ワイヤレスやプラグインにより接続され，スイッチで始動する。インターネットは，長期間，最も人気のあるマーケティング手法となり，相互に情報を伝達することが可能な，より小型の，その上，速いコンピュータの成長は，情報革命を進展させ続けている。

　情報革命は，情報のプロセスを分散させ，同時に，分散化したプロセスを強力な情報網に連結することを可能にしている。マイクロソフトのネットミーティングや，ロータスノーツのようなアプリケーションだけでなく，一般的な e-メールもまた「とても魅力的なもの」である。それらは，仕事に関する新しい様式を代表し，私たちはその結果を理解してきている。今日 PDA を持って前かがみになっている経営者がいない空港を想像することは難しい。彼らは世界中どこにいようと，自社のオフィスとつながっている。

　経営者たちは，集中型情報システムにより打ち出される月次報告を待たずに，それどころか，ある決定の結果，情報をそれが遂行されている最中でもすぐに入手することが可能である。会社は，顧客および潜在的な顧客の購入様式，より特定化した標的市場を直ちに知ることができる。さらにウェブサイトを開設する者は，いわゆる「クッキーファイル」と呼ばれるものからの大量の情報の流れをコンパイルすることによって，特定のコンピュータ利用者が，ヒットしたいウェブサイトの種類を把握することさえできるのである。

　ボブ・カリングウッドのような経営者は，ジャカルタでホテルに宿泊する

際，CNNをつけ，コンピュータを接続し，思い通りにファックスやe-メールを送ることができる。日常的に「オフィス」に在室しないことは技術的な理由ではない。まさに「オフィス」という概念そのものが急速に時代遅れとなっている。

企業の第一義的関係における変化

こうした四つの主要な傾向は，第一義的な企業関係に大きな影響を与えてきた。経営者的見解を用いてこれらの関係を管理することはもはや機能しないであろう。安定性と秩序という仮定は全くあてはまらないのである。

顧客

伝統的な企業の思考様式は，顧客を，高い重要性を持つ利害関係者とみなす。しかし，価格と業績との間にはトレードオフの関係があり，それが実際に考慮されるべき唯一の変数である，という伝統的な見解は急速に時代遅れとなってきている。もはや，顧客の利益は，価格と業績とのトレードオフの関係による株主利益とのトレードオフの関係にはない。1980年代の教訓は，すぐれた品質と低価格が同時に達成されなければならないことを示している。トヨタは，米国の自動車産業に対して，価格と品質がトレードオフの関係にはならない実例を提供した。1990年代には，すぐれたサービスが相関することが追加された。デルのような会社は，伝統的な産業において障害となるものを回避するため，生産およびサービスの特別仕様を実現した。21世紀は，「スピード」と「オンデマンド」が顧客にとって重要な期待なのである。アマゾンやグーグルは，価格，品質，サービス，そしてスピードを同時に並立させるビジネスモデルを有する会社の典型である。今日の会社は，こうした変数すべてをうまくやりとげなければならず，それをすることにより利益を上げる。

L・L・ビーン，アメリカン・エキスプレス，ノードストローム，そして

ホンダなどの会社は，すべての人々に対するサービスの水準を引き上げてきた。立地などの条件により歴史的に優位性を享受してきた企業，とりわけ小規模な企業は，新技術の導入がなされると深刻な衝撃が避けられない。地方の独立している書店は，バーンズ・アンド・ノーブルならびにボーダーズのような巨大な書店よりも，優れたサービスで顧客に接しなければならず，また彼らは，事実上，どんな本でも提供することが可能であるのに，少しの在庫しか持たず，さらに1日24時間アクセス可能であるアマゾンにも勝る存在でなければならない。すべてが，顧客の求める価格・品質・サービスそしてスピードなどすべてにおいて競争しているのである。

顧客が料金についての確認をするために，アメリカン・エキスプレスに電話を入れると，アメリカン・エキスプレスでは丁重な対応で，その料金について確認し，顧客に対し何らかの質問あるいは説明をもって回答する，すると，顧客は，銀行やカー・ディーラーなど，他の機関からも同様のサービス水準を期待するようになる。ウォルマートは，「毎日が低価格」，そして親切なサービスというように，顧客のニーズに絶えず適合することに焦点を置き，小売業における競合企業に大きな影響をもたらしてきた。

納入業者

古い思考様式のもとでは，納入業者は，「単なる購入先」にすぎなかった[4]。顧客との関係に関して，価格と業績は，人が購入の決定を行う際の変数であり，トレードオフの関係があるという仮定があった。納入業者に圧力をかけると，株主はより好都合が望めるかもしれない。納入業者は，ある会社が完全な底値に達したことが確実になるまで相互に競わされた。

すべてが変化してきている。今日の新たな情報技術は，納入業者と顧客とを織り合わせたシステムを可能にする。POS（販売時点情報管理）の技術やJIT（ジャスト・イン・タイム）の在庫管理システムは，納入業者の工場に情報が中継され，在庫を調べることなく納品され，誰もが在庫費用を負担せずに即座に補充される。

納入業者との関係も，認証や責任についてすでに変化してきている。品質に関する配慮を認証する ISO9000 プログラムや，環境経営に関し最良の実践を認証する ISO14000 は，共に競争優位の源泉である。環境保護の観点からは危惧される方法で製造された納入業者からのモノやサービスは，誰も受け入れたくない。責任は販売時点に留まらない。連鎖は，後方に向けては源泉に対し，前方に向けては最終費用負担者に対して機能する。要するに，伝統的な「価値の連鎖」（"value chain"）は「責任の連鎖」（"responsibility chain"）に転換してきたのである。

　製品をナイキに納入する工場の労働実態を NGO が批判したとき，ナイキは責任の連鎖の威力を知った。ナイキはそれらの工場を直接所有しているわけではないが，そのうちの数箇所において児童労働が発覚したという事実は，ナイキに対する抗議活動につながった。ナイキは納入業者の関係を，川上から川下まで，考え直さなければならなかった。

　私たちは，もはや納入業者を「単なる購入先」として理解することはできない。今日，納入業者はむしろ協力者である。事業活動がグローバルならば，グローバルに納入することが可能な会社と取引することを望む。その傾向は，より少数の納入業者との取引へと進展している。そこでは，行動指針として価格や業績という言葉よりは，信頼，そしてパートナーシップという語が，合言葉となっている。市場に参加する誰もが，高品質ならびに低価格を維持しなければならない。納入業者は，信頼やパートナーシップに立脚するサービスを創造することによって，一段と識別されるようになってきた。

　最近の 10 年間における最も重要な展開の一つであるサプライチェーン・マネジメントは，納入業者―生産者―顧客から成る連鎖を，より緊密に統合するという発想に基づいている。いくつかのシナリオの下に，小売段階で入力された情報は，生産者を通じてその納入業者に送られる。新たな情報技術は，利害関係者集団の利益を統合するいくつかの精巧なシステムを作り出してきた。古い経営および生産方式で，こうした集団や課題事項を管理することは，今日の世界では全く機能しないであろう。

従業員

　経営者主義が全盛の間，従業員は，企業とのある安定した関係を頼りにすることができた。それは，良い仕事をすることや忠誠心と引き換えに，従業員は，会社から高い賃金や各種給付を与えられ，さらに会社による福利厚生を享受するという絶対的な約束であった。この関係の典型は，スローン・ウィルソンの『灰色のフラノスーツを着た男』という小説の中で描かれている。もしそのような人がいるとしても，今日の典型的な従業員は，男性でも，また灰色のフラノスーツを着た人でもない。さらに，古い社会契約（あなたが良い仕事をすれば，会社はあなたの面倒をみるだろう）は，リストラクチュアリング（事業再構築）されてきている。

　1990年代から始まったリエンジニアリング（業務の抜本的見直し）やリストラクチュアリングの潮流は今日も続いているが，それにより，仕事をしていた何千人もの従業員の一時解雇という状況にいたっている。「人々を解雇するのは厳しいが，彼らが全くに業績を上げないのであれば，経営者はその必要性を認める。しかしながら，良い仕事をしている500人もの人々のいる部屋に入り，リストラクチュアリングのために彼らを解雇するのは，本当に困難である」と，ある経営者は語った。

　リストラクチュアリングは，ときには単に従業員の必要性を排除し，またあるときは，より安価な方法で雇用契約を結ぶ。グローバルな競争や新たな情報技術に拍車が掛けられると，会社は顧客をさらに特定化するために，主要な業務過程を再設計し，多くの官僚的慣行を排除する。実際に，多くの西側諸国では，リストラクチュアリングが政治的領域にまで入り込んできており，「アウトソーシング」（外部調達）は，特に選挙期間を中心に行われ，論議を呼ぶ政治的争点となってきている。少なくとも，起こりうる政治的・社会的影響を理解せずに，経営者的見解における単純な経済的事情では，この問題に取り組むことはできない。

　今日，言うことができるのは，雇用契約が，雇用の継続というよりはむしろ雇用可能性の拡大のために行われることである。良い会社群は，自社の従

業員に対し，やりがいのある職務を割り当て，その達成のために必要な技能訓練を与える。そうすればそれがたとえ他の企業のためであっても，従業員の雇用可能性を拡大することになる，と認識している。

同時期に，米国では，多くの女性が労働力に参加するようになった。経営者的見解では，典型的な従業員は，家族のための唯一の報酬の取得者であり，しかも大部分が白人，さらには男性である，ということが暗黙のうちに想定されていたことを会社は認識し始めた。しかしこの暗黙的認識は，単純に，多様な従業員を雇用する新規の会社には，適合しない。

多様性そのもの，多様性の管理，多様性の評価は，会社が従業員関係をいかに管理するかということに関する中心的な理念となっている。各用語が多くのことを意味するとはいえ，基本的な考えは，仕事の構造における様々な仮定を問い直すことである。それぞれ異なる従業員が，より有効的に働けるようにすることが最終目標なのである。主な相違は，人種，ジェンダー，性差，年齢，教育，そして（グローバル化の現象により再燃した）文化などである。これらの相違のすべては，21世紀の職場では，対立とチャンスの双方をもたらす。古い諸仮定は全く妥当しないのである。

資金拠出者

ただ新聞を広げるだけで，資金拠出者と企業との関係がいかに変化してしまったかを見出すことができる。エンロン，アーサー・アンダーセン，タイコ，アデルフィア，ワールドコムなどにおけるスキャンダルによって，透明性が強く求められている。米国の大統領でさえも株式会社に対し，財務報告書の中でのさらなる誠実性の向上を要請している。経営者モデルの中心に位置し，企業を所有する株主モデルは，現実には非常に複雑化してきている。マイケル・ミルケンは，エクイティ商品のようにみえるデット商品を生み出した。エンロンは「簿外」である有限責任組合を利用することを先駆けた。LTCM（Long-Term Capital Management）は，リスクを回避するために金融商品や金融派生商品の限界を推し進めた。それらの例のいくつかは，

容認可能な諸規則の範囲を超えて進められ，その結果，損害はいたる所に発生した。株主が，経営者モデルの中心に特定の場所を確保するという発想は，すでに過去の理念である。現代株式会社の資金調達には，資本調達から借入調達へ，エクイティ商品のようなデット商品へ，リスクヘッジのための金融派生商品へ，企業資産を証券化するための様々な手法へと展開している。

　CEOとしてのボブ・カリングウッドは債権者，銀行，株主，投資銀行などに配慮しなければならない。スキャンダルにより，複雑な財務過程に関わる人々がどれほどの誠実性を有しているのか，深い疑惑が生じた。21世紀初頭，スキャンダルに対する米国の対応は，一つの法律，すなわち2002年のサーベンス・オクスリー法（Sarbanes-Oxley Act），いわゆるSOX法を制定することであった。エンロンの摘発を受けて，念入りに作成されたこの法律は，財務業績を報告する過程すべてが行政の規則と合致していると証明することを会社に要求する。これらの改革は，会社に対して，透明性の向上を促進したが，一方では，会計ならびに監査業務を非常にやっかいなものにし，その費用は2倍，3倍になるものもある。さらに，スキャンダルはヘルスサウスやAIGのような会社にも続いた。

　特に米国において，企業が公衆の信頼を失ってしまったことを，多くの人々が論じている。最近のCEOに関する調査において，「ビジネス・ラウンド・テーブル経営倫理研究所」（Business Roundtable Institute for Corporate Ethics）は，企業経営者が直面している倫理的課題事項の第1位は，公衆からの信頼の失墜であり，近年のスキャンダルにより，それがさらに進んでいることをCEO自身が認識していると見出している[5]。米国では，公開会社に新たに会計監査委員会が設置され，新規体制として機能している。しかしながら，財務上のスキャンダルに照らして，企業自身に自己統治を委ねることが可能か否かについての議論は継続している。

　私たちは，価値創造や取引に関して時代遅れとなったモデル，すなわち，株主を中心に置く経営者的見解に依拠してきた結果，この問題が大規模に発

生していることを確信する。

コミュニティー

　地域コミュニティーの中に位置する企業は「善良な市民」であるべきとする考えは，古くからある理念である。この理念は過去においては，しばしば法令遵守，そしてユナイテッド・ウェイやその他の慈善団体への寄付，または，学校やNPOを支援するための従業員派遣，などを意味した。しかし，今日，状況はさらに複雑化している。

　第1に，コミュニティーの理念そのものが，より複雑化してきている。コミュニティーの伝統的な概念は，特定の地域，つまり人々が生活を営む空間である。コミュニティーは，場所という暗黙的意味をいまだに維持してはいるものの，その意味は「利益共同体」ないし「仮想共同体」を含め拡張されてきている。そして，その考えは，企業に対して非常に多くのことを要求するであろう。「利益共同体」や「仮想共同体」は，インターネットや情報技術の力を利用して，地域を超えて適用範囲を拡大した。コミュニティーはどのような共同体の部分であるのか，そしてそのコミュニティーをいかに向上させるかなどの決定に対して，企業は積極的な役割を引き受けなければならない。

　第2に，比較的自由な社会では，会社は，自己の責任において，コミュニティーの存在を意図的に無視することがある。政策決定の過程は，インターネット上で関心のある情報を得ることができるのと同程度に，かなり公開され，容易に利用できる。実際に，地域に活動拠点を置く団体や地理的なネットワークで結ばれた団体は，特定の企業（たとえばウォルマートなど）を支援したり，または妨害したりするための法案を議会に提出し通過させている一方で，このような利益共同体は，国の内外において政府に働きかけるために連携している。

　たしかに，過去10年の企業改革運動は，部分的には，企業市民という理念の新たな理解に焦点が当てられてきた。多国籍企業に関するグローバルな

行動原則を開発するために、国際連合およびその他の NGO によって多くの仕事がなされてきている。こうした改革につながる提案の多くは、利害関係者という用語を採用するが、不幸にも、その用語は本書で私たちが概説するような包括的な見解として必ずしも提示されていない。利害関係者は、顧客、納入業者、従業員、資金拠出者、そしてコミュニティーなどよりも、むしろコミュニティーのみに限定し同一視されている。その提案は、しばしば一つの利害関係者（コミュニティーまたは環境）に非常に大きく焦点を合わせ、コミュニティーの利益を株主の利益と並置させる。このような改革が、経営者的見解の中心に捉えられた。コミュニティーの利益と株主の利益とが対立するものとして理解することは、私たちの見解によれば、経営者を間違った方向に導くようにみえる。私たちが重要とする点は、株主とコミュニティーとを同時に満足させる方法を見出し、それを経営者の日常生活の一部にすることである。

企業の第二義的な関係における変化

市場、政治的制度、環境およびその他の社会的価値、さらに情報技術における転換は、私たちが一会社にとって有益な環境と呼んできたものにも変化を引き起こした。いくつかのケースでは、（政治的・環境的）活動家集団のような新しい利害関係者の出現、また他の場合には、政府のように、そうした集団とは異なった種類の重要性を持つものも存在する。株主価値を中心に置くという固定観念に取りつかれた経営者的見解では、それらの重要な変化を理解する能力に欠ける。なぜなら、それは、安定性、予測可能性、さらにより規則的な変化の過程に依存しているからである。

政府

政治制度の自由化にもかかわらず、政府は企業に対して、いまだに巨大な影響力を持っている。市場のグローバル化に伴って、今まで以上に避けられ

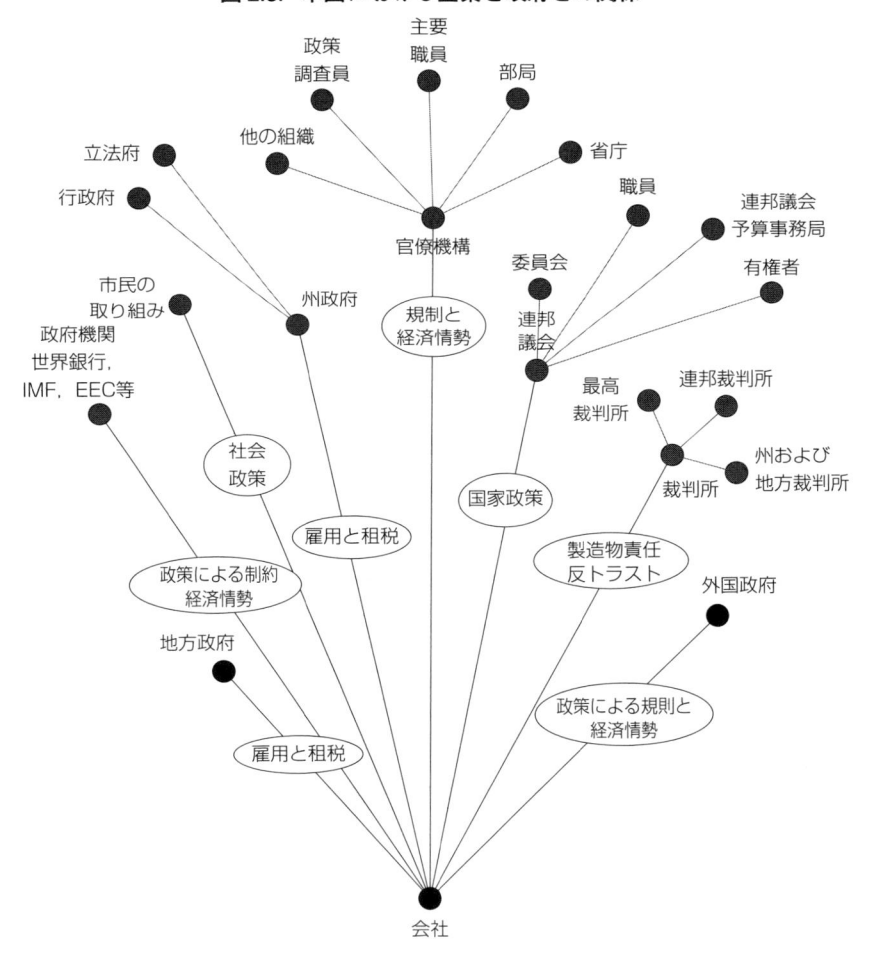

図 2.3. 米国における企業と政府との関係

ないことは，政府を経営者の思考様式の一部にしてしまうである。今日の株式会社のために，多数の個別団体や機関が政府を構成しており，21世紀における政府は，まさに「各種行政機関」といえる。図 2.3 は政府に関する，より詳細な利害関係者の分布図である。選出され，また任命された政府高官たちは，資本主義ならびに企業を，繁栄と発展へと導く動力源であると理解する。それゆえ，企業と政府との相補的効果について意識が高まってきてい

る。公務員は，この役割を縮小し，市場を活性化させることで利益を得るという公約により，規定通りに選任される。公衆からの信頼不足という状況にある今日では，公務員は「ウォルマートの閉鎖」，「経営者の高額報酬」，「企業による健康保険の負担」というような課題事項のために職場を奔走している。

米国における企業と政府との関係は，監視原則の上に設立されてきている。すなわち，政府の正当な役割は，公共利益の範囲に企業を規制し，厳格な独占禁止法を施行するという，市場原理を堅持することである。近年の会計スキャンダルは，市場の透明性や，市場の基本的倫理を確保するにあたり，政府規制の適切な役割という争点を再び浮上させた。

この争点は，解決からはほど遠く，政治学者や政策立案者は，その原因や結果について論争を続ける。経営者の観点からは，このような議論は重要なことを見落とすことになる。すなわち，多様なレベルの政府，もしくはより相応な各種行政機関からの複合的な影響力が存在し，また，企業とその経営者が公共政策や政府の活動に影響を与えることができる世界の中で，いかに企業を経営するかということである。この問題を解決するために必要な条件は，企業と多様な政府関係者との間における相互作用の可能性を理解することである。政府は堅固な統一体ではなく，また真空状態の中に存在するものでもない。各種機関，議会の各委員会，大統領委員会，大統領府の職員などはすべて多様な影響を受けやすい。米国の連邦レベルの官僚機構は，巨大で分割された実体である。ボブ・カリングウッドがグローバルな環境下で，多くの異なる形態を持つ政府と共に活動する際，こうした影響はますます複雑化する。

さらに，世界銀行，IMF，国際連合，そしてWTOのように企業に影響を与える多くの国際機関もある。これらの組織体は，それら自体が，複雑でグローバルな存在であり，ときどき政策を制約するような提案をする。たとえば，数か国が財やサービスを購入する際，利用可能な信用枠を実際に決定している。

連邦議会は，各会期に数千の法案を審議するが，その中には企業に重大な影響を与えるものもある。さらに，税や減価償却の手続き，資本形成の奨励，新しい形態の規制の創出など，国の政策変更は，個別企業に対する限界効果が取るに足りないものであっても，全体としての実業界に影響を与える。したがって，今日の CEO は，連邦議会における公共政策に関する法律制定についての話し合いに，多くの時間と資源を費やし，いかにそれに貢献するかを決定しなければならない。

　州政府は，経営者に対して地域ごとに異なる一連の課題事項を提示する。全国規模で事業展開している会社は，非常に多くの規制を受けている。たとえば，全国規模のビール会社では，ある地域の大規模工場から他の複数の州に向けてビールを出荷する際，税やパッケージに関する要件，さらには許容されるパッケージの種類までもが州ごとに変更されることになる。州議会は，各会期で，数百，数千件の法律案を検討するが，それに関しては積極的な関与だけでなく，情報収集のために費やされる資源も莫大になる。裁判所は，企業に対して影響を与える政府の源泉となる。行政・立法・そして司法の三権分立を唱える公民教科書の古いモデルは，今日の世界に単純には適合しない。歴史的な製造物責任の判決や，機会均等の判例から，反トラストの問題にいたるまで，州ないし連邦レベルの裁判所は事業の本質に影響を及ぼす。

　現代株式会社に対する裁判所の影響を知るには，タバコ産業，製薬企業，マイクロソフト，または AT&T について考えるだけで十分である。GE はハネウェル（およびアライド・シグナル）との合併という判断を，ヨーロッパの規制当局に納得させることができなかった。このことは，企業に対する影響力の大きさを証明するものとして位置づけられ，経営者の思考様式の本質的な部分とならなければならない。その思考様式は，株主価値に対する追加的思考ではなく，株主価値，より一般的には利害関係者価値を，21 世紀においていかに創造するかということである。

　重要なことは，一政府機関または政府の一部が，一つの会社に対して影響を及ぼすのではなく，むしろ行動をともにし，その結果として，累積的影響

が巨大になることである。顧客，納入業者，従業員，コミュニティー，そして資金拠出者などの第一義的関係を適切に管理するためには，ボブ・カリングウッドのような経営者は，各政府機関を理解し，戦略的に対応することに時間と資源を費やさなければならない。

競合企業

　競争は，経営者資本主義システムの土台となってきた。しかし比較的最近まで，米国企業は，他の国々の強力な競合企業に対応する必要はなかった。1950年代において，「メイド イン ジャパン」は「安かろう」「悪かろう」を意味するか，さらには何か軽蔑的な意味を持つ言葉として捉えられた。ところが1980年代に，それは品質の証明として認められた。日本の会社は，1990年代後半における日本経済の失速にあってさえも，いまだ強力な競合企業である。それは一部には日本企業がグローバル化しているからである。ホンダはオハイオ州メアリーズビルにある。トヨタはテネシー州にある。GMは日本企業であるいすゞの株式の一部を所有する（＝2006年，GMはいすゞの株式をすべて売却している［訳者注］）。IBMのパーソナルコンピュータ事業は，同社と中国人投資家により共同で所有されている。伝統的な米国企業に対するサービスコールは，インドに転送されることもある。米国における多くの病院では，病院内の専門技術者たちがレントゲンやCTスキャンを撮り，インターネットを通じてそれらを送信し，インドの医師に解析させる。もはや明確な国境は存在せず，国境が安定した活動領域を提供する，と想定している会社に対する影響は切実である。今や，米国企業が支配していた産業の多くに，海外からの競争が存在すのである。

　今日，競争のルールは異なる。均等な機会は存在せず，それによる安定性もない。企業はグローバルに競争するが，その競争は同様に特定の地域にも存在する。すなわち，会社は他のグローバルな競合企業の規模と範囲と対抗しなければならず，また特定の地域における競合企業の市場知識とも対抗しなければならない。

部分的には，グローバルな競争の出現は，それまで支配的であった経営者的企業観を放棄せざるをえない必要性を高めることになる。大きな影響を与える競争のすべてが国内的なものである限り，誰もが同じルールで競争しなければならない。各競合企業は，腐敗したものであろうとクリーンであろうと，政府，消費者人口の変動，環境主義者等々の恩恵と負担を負い，また共有する。ある産業に属する諸企業が，多様な課題事項への対応を暗黙的ないし明示的に調整することが可能であることにより，そうした企業を庇護する効果がある。どの企業にも競争上の不利はない。したがって，その中の誰もが，あたかも経営者的見解がいまだ適切に実践されていると理解する。外国の競合企業は，異なる一連の文化的なルールや制度と共に成長するが，それらより廉価で，すべての要求に合致する高品質の製品によって，顧客や政府を満足させる方法を考え出すと，国内企業のための庇護はなくなる。この状況は，世界中の産業という産業において展開されてきている。

消費者の支援者

　多くのことは，ケネディ大統領が消費者の権利章典を公表し，現代の消費者運動が開始された1960年代初頭から生じてきた。今日，消費者の支援者は，消費財マーケティングに関わるほとんどすべての産業に影響を与えると言ってもよい。多くの経営者は，ラルフ・ネイダーとGMのコルベアの話をよく知っている。それはネイダーの全国的知名度を高め，GMの製品ラインを止めたのである。活動家たちは，医薬品や調整粉乳から公益事業にいたるまで，すべての産業を対象としており，その多くはネイダーの成功により影響されたものである。

　成功した会社の多くは，消費者運動の重要性を認識している。プロクター・アンド・ギャンブルは消費者の苦情処理に多くの資源を費やし，ノードストロームやL・L・ビーンのような一流の小売業も同様のことを行っている。多くの消費者運動の指導者達は市場における変化を望んでいる。彼らは，必要に応じ政府を参加させることが可能であることを知っている。しか

し，最終的にその費用は，高い税金，または高い製品原価のいずれかを通して消費者が負担することになる。その結果，指導者達は，真の自発的行動主義をかかげ政府との非公式の場での交渉を自ら進んで受け入れる。

環境主義者

　激動の 1960 年代のもう一つの出来事は，天然資源の保全のみならず清浄な空気，水，土壌など，環境の質への関心である。環境保護運動は，西部開拓と同時期に始まる。たとえば，シエラ・クラブのようないくつかの著名な組織は，1890 年代以来，存続している。しかし，1960 年代のいくつかの出来事は国民の意識を向上させ，現在，経営者の多くが直面する環境保護に関する支援団体を結成させた。

　40 年以上にわたる政府の様々なレベルでの環境規制は，自主的に環境保護団体と協働することの新たな意義を与えた。それにより，私たちも，企業と環境主義者との協力関係を理解し始めた。そこでは，環境主義者が，環境汚染から地球温暖化にいたる諸問題への企業の取り組みを支援している。繰り返しになるが，これは株主中心の考えに対する「追加」ではなく，主要な利害関係者すべての価値創造のための構成要素である。21 世紀において，企業は，環境保護と収益性と両方を実現しならなければならないのである。

特定利益集団

　より全般的な現象の背景には，実業界に発生した転換がある。その転換は，政府，外国との競争，消費者支援団体，そして環境主義者によりなされた。それは，各種非政府組織（NGOs）または各種特定利益集団（SIGs）と関係している。すなわち，グローバリゼーション，アウトソーシング，エイズ，人工妊娠中絶，女性の人権，学校における礼拝など，数百ある個別の課題事項に対して，集団または個人が政治的手続きを利用して，その立場を強化できるのである。経営者にとって NGO が示している問題は，会社と対立する集団が個別の課題事項により新たに結成されることはないと確信できな

いものである。

　特定の利益が政治的に問題化することは新しい現象ではない。しかし，現代の通信技術の変化は，経営者が各種利益集団の行動計画に配慮することを特に重要なものとする。組織された抗議集団は，全国規模でメディアの注目を集め，彼ら自身の優位性のために政治的過程を利用する。こうして，多様な課題事項や諸事象に対応する企業経営者の能力は，ある特定利益集団から批判を受けやすい産業において成功するために必須のものとなる。

　NGO や SIG が各種事業活動に影響する中，今日の経営者はそれらに対応するために理論と現実的な支援を必要としている。特に企業戦略を策定する際，経営者はこの変化を考慮に入れることが重要である。

メディア

　「不公正な」報道以上に経営者に怒りを起こさせるものはない。返答の機会が少しもない公の場で，会社ないし製品，さらには人格までもが攻撃されると，怒りの感情は抑えられなくなる。「60 ミニッツ」の取材班が，本社にはまだ知らされていない最近の消費者および従業員の不満を調査し，暴露するという悪夢から冷や汗で目覚めることは容易に起こりうることである。あるいは，あなたの会社が地球上，いかに悪質であるかを伝えることのみを行っているウェブサイトを見つけたことを想像したら，どうであろうか。信頼できるブログはマーケティングには重要かつ新たな手法である一方，それらが会社に対する批判である場合は致命的なものとなりうる。

　実際，マス・コミュニケーション技術は，企業に関するメディアの役割を変化させている。これまで以上に大規模な組織は衆人環視のもとに置かれている。今日の環境の中で成功を望む経営者にとって，メディアも変化の形態を象徴している。

枠組みの必要性

　四つの巨視的傾向，第一義的利害関係者との関係の転換，こうした関係と自然環境に生ずる圧力と組み合わされて，株主を中心に置く経営者モデルに対する影響はとても大きくなっている。株主価値に一意専心して焦点を当てることは，結果に関係なく，これらの変化と利害関係者を無視することを経営者に奨励することになる。私たちに必要なのは，新たなアプローチ，すなわち概念的転換である。それは，これら変化のすべてが例外的なものではないことを企業に理解させる新たな方法である。

　一つの類推が役立つであろう。たとえば，あなたが職場をきれいにするということを新年に決意したとする。あなたはファイルケースを買い，一連の区分を行い，そこに重要な書類，回覧状，そして報告書のすべてを保管する。各ファイルには注意深くラベルが貼られる。机をきれいにし，ファイルを整理保存するあなたの姿勢は，自分の熱意に忠実であることを想像させる。あなたは，そのシステムがしばらくの間，非常に優れた機能であることを見出す。しかし，時が経つにつれ「種々雑多」とラベルが貼られたファイルが次第に多くなってくることに気がつく。あなたは，新たな区分を行って，新たなファイルを追加しなければならなくなるが，そのうちのいくつかは，古い一連の区分と重複することになる。相互参照は，悪魔のようなものとなり，あなたやあなたの助手をあきらめさせることになる。その上，ファイルのいくつかがもはや使用されないことを見出す。このような古いファイルには，追加ないし削除がなされることはほとんどなく，意思決定や何かを達成するために必要な情報の多くが様々の異なるファイルにあることを見出す。もはや，便利な場所と思われていたものはなくなる。もしそれらの問題が未解決のままだとしたら，直ちにファイル整理システムは滅茶苦茶になる。あなたは，もはや重要なものを見出すことができなくなる。ファイルは，現在や未来ではなく，過去の事柄のみを有効に処理するものになっている。机は散乱した状態に戻り，あなたは新年にもう一度やり直すために，再

び努力をしなければならない。

　何が間違ったのか。ファイル整理システムは，あなたを取り巻く世界に変化が生じたために，時代遅れになった。いくつかの新たなファイルを追加することによりシステムは修復し，しばらくの間は機能するが，結局は，すべてのファイルケースを再検討し，より新しく，より適切な一連のファイルとその区分を行うことが必要となる。要するに，一つの概念の革命，すなわち思考様式の変革が必要なのである。

　現代株式会社において，ボブ・カリングウッドと彼の同僚たちは，同じボートに乗っているようなものである。彼らには，個々の課題事項から生ずる混乱を最小化するという断片的な方法で対応する傾向がある。経営者たちは，変化や利害関係者を受容することを奨励されず，それぞれ相反する目的に，価値を創造するための新たな方法を見出すことも奨励されない。環境規制により株主に与える損害を最小化することに焦点を合わせることは，いかにより良い製品やサービスを創造するか，つまり，それらが汚染物質を出さず，環境にやさしく，そして利益をもたらすものを産出するかについて，誤った問いをすることになる。21世紀においては，利害関係者の対立を受容し，相反する利害関係者の利益のために価値を創造する方法を見出す会社が勝者になるであろう。

　要するに，私たちには，新たな概念，新たな概念の整理システムが必要である。それは，現在ならびに将来の変化を包含するように世界の見方を転換させる。私たちは，株主を中心に置く経営者モデルの理念が，それより優れ，強固である理念，すなわち利害関係者志向の経営という理念を支持することにより放棄されなければならないことを提示したいのである。

3

基本的枠組み

　飛行機が着陸するとすぐに，ボブ・カリングウッドは，ブラックベリーの電源を入れた。23通の新着メールがあったが，その中に緊急のものはなかった。マーケティング部門とファイナンス部門の部下たちは，新製品をいくらにするかで対立していた。ファイナンス部門は，比較的高い価格設定を求め，収益に関する圧力を弱めようとしているのに対し，マーケティング部門は，低価格で売上の増大を図ろうとしていた。新製品の環境への影響が証明されず，早期に新製品の発表をすることにより，複数の州で制限を受けるような立法措置が講じられるような批判を招く恐れがあるので，政府関係部門も新製品に関する事柄に関わろうとしていた。ボブの広報担当者は，寄付に関する会社の方針を議論するための会議の開催を求めていた。そこで，従業員に無制限に各自の選択（会社にふさわしい選択であるが）による慈善活動への貢献を奨励すべきか，それとも，もっと制限を課すべきかを議論したいというのであった。

　また，ベストセラーとなったビジネス書『戦略の執行』を称賛する研修・教育担当者からのメールもあった。それには，その著者を招き，会社のリー

ダーシップ開発セミナーで講演してもらってはどうかという提案がなされていた。おそらく，リーダーシップ開発セミナーは，自分たちのチームが必要とするものだろうし，チームはよりよく，また，より速くその計画を実行に移す必要もあるだろう。しかし，ボブは，何か悪いことがあるのかと疑っていた。これからの移動の後には，23通以上のメールがあるだろう。その多くは，株主と顧客との間に，従業員と納入業者との間に，あるいは，コミュニティー，顧客，株主との間になされるトレードオフの関係を描くことになろう。ボブは，自分に関係する人々の創造性を制約するトレードオフ思考から逃れる方法を見つけなければならなかった。

基本的枠組み：単純な理念

株主と一体になっている経営者モデルに対する批判の中心に内在するのは，利害関係者という理念への信頼である。利害関係者は，企業の中核的な目的の達成に影響を与えたり，あるいは，与えられたりする集団である。この考えは単純なものである。企業は，長い期間にわたって継続的に主要な利害関係者のために価値を創造し，彼らを満足させる限りにおいて，成功するものである。企業は，その目的と対立するかもしれない集団からの潜在的な影響を認識しなければならない。事業活動という価値創造のプロセスの中心に，利害関係者の利益と諸関係に対する深い懸念を見出す。

多くの企業にとって，経営者，あるいは企業家は，取引（協定，あるいは契約）をまとめなければならない。それゆえ，顧客，従業員，納入業者，資金拠出者，コミュニティーは，生み出された価値を共に分かち合うことになる。長期にわたって，経営者の役割は，こうした集団の利益のバランスを図り，そのすべてのために生み出される価値を増大させ，おおよそ同じ方向にその利益や希望を向け続けることである。思うに，ボブ・カリングウッドとその同僚たちが「利害関係者志向の経営」というアプローチを採用したら，同時に利害関係者のための価値を創造する時間をより容易に享受することが

できる。それには，いくつかの事例が役立つだろう。

利害関係者ための価値を創造する事例

　パトリシアは，ABCファーマの管理者である。彼女は，糖尿病の研究プロジェクトの責任者である。彼女は，研究に従事する従業員，潜在的顧客（卸売業者，小売業者，代理人，政府機関，医学界［medical community］から成る連鎖を含む），薬品の納入業者，試験実施機関などに対して，同時に対応しなければならない。また，彼女は，コミュニティーの利益と同様に資金拠出者の利益を認識しなければならない。それは，この事例において，製薬産業への国家の干渉という煩わしい特質のために，正しく十分に理解されるものである。彼女がそれに成功すれば，長期にわたっておおよそ同じ方向に向かっている多様な利益のすべてを得ることになる。彼女は，あるものと他のものとをトレードオフの関係に置くこともあるが，そのすべてを一緒に働くようにする方法を見出さなければならない。

　ジェニファーは，カーラジオとカーステレオを提供するカタログ会社を始める計画を持っていた。そうするために，彼女は，多くの納入業者と協議し，潜在的な顧客リストを見出し，カタログをデザインする従業員を雇用して，注文に応じ，顧客の質問に答え，また，原資を提供してくれた家族や銀行とも継続的に会合を持たなければならなかった。企業が成長すると，彼女は，倉庫建設のために土地取引の交渉もしなければならなかった。これには多くの役所からの許可を受けること，水道の使用が関わり，潜在的な環境問題，他の社会的課題事項について話し合うために隣接区画への視察も必要であった。ジェニファーが成功したのは，彼女が取引をまとめるように運営し，長期にわたってこうした利害関係者のすべてが勝者となったからである。最初の段階において，納入業者と資金拠出者が最も重要であったかもしれないし，また，コミュニティーが重要になるのは後になってからかもしれない。しかし，ジェニファーの会社が持続可能であるなら，すべての利害関

係者の関係は，おおよそ同じ方向に向けられなければならない。

　リナルドと友人たちは，新しいコンピュータゲームのアイディアを持っていた。1人の友人は有能なプログラマーである。リナルドの技能は，チームのみんなを一緒に働かせることにある。彼は，異なる技能を有する人を集め，事業計画を立て，ベンチャーキャピタリストからの資金拠出や他の小さなコンピュータゲームの新規事業を見出す。最初，リナルドは，彼のチームがしていることに関与し続けることや資金拠出者の期待に応えることに焦点を置かなければならない。しかし，すぐに製品をベータテストにかけるときとなり，潜在的な顧客が求められるようになる。結果として，成功するには，リナルドが最終製品を生産する納入業者を得ることを気にかけなければならない。そして，現行の社会的制度のあり方を前提として，リナルドは，ゲームがより広い社会からどのように評価されるかについて心配しなければならないだろう。たとえば，ゲームが十代の若者の非行に影響を与えるようなものであれば，ゲームに対する不買運動が起きたり，マイノリティにとって好ましくないものというラベルを貼られたりすることになる。

　こうした三つの例のすべてにおいて，創業時の企業家であれ，既存のベンチャー企業家であれ，利害関係者との関係に巻き込まれ，多忙になる。彼らは，こうした関係と結びつく性質を維持しながら，問題を解決しなければならない。彼らが自分たちの企業を存在させたいならば，行動の影響に責任を負わなければならない。彼らは，従業員，顧客や他の利害関係者が複雑な存在であることを理解し，「万能サイズ」のような見方で管理することができないことを理解することになる。彼らは，一つの集団の利益がいつも株主の利益とトレードオフの関係になることはないことを理解しなければならない。競合企業は，理解するうえで重要である。そうした会社は，ある会社がその利害関係者にとって最大の価値を創造し続けられなくなったとき，その役割を演じているのである。

　株主は，一つのとても重要な利害関係者であるが，他のものもいる。私たちは，少なくとも2種類の重要な利害関係者が存在することを示唆したい。

一つは，先の例が明らかにしたように，企業の継続的な成長と存続にとって重要であることを示す第一義的な，あるいは定義可能な利害関係者と呼びうるものである。特に，顧客，従業員，納入業者，コミュニティー，資金拠出者である。こうした集団のうち一つでもその支持がなくなれば，企業は存続することができない。このことは，コミュニティーの場合においてはあまり明示的でないが，相対的に自由な社会において，コミュニティーの利益が充たされなければ，運動家は政府に救済を求め，結果として企業にとって脅威となりうる規制が段々と増加することになることは，覚えておいた方がよい。もう一つは，私たちは，より広範な事業環境を定期的に見る必要がある。特に，第一義的な関係に影響を与えうる集団について関心を持たなければならない。こうした集団を第二義的利害関係者と呼ぶ。それゆえ，運動家，政府，競合企業，メディア，環境主義者，企業批判を行う者，特定利益集団は，すべて，少なくても手段として，第一義的な事業関係に影響を与えうる範囲において，利害関係者である。図 3.1 は，全体の枠組みの中で 2 種類の利害関係者がどこで適合するかを示したものである。

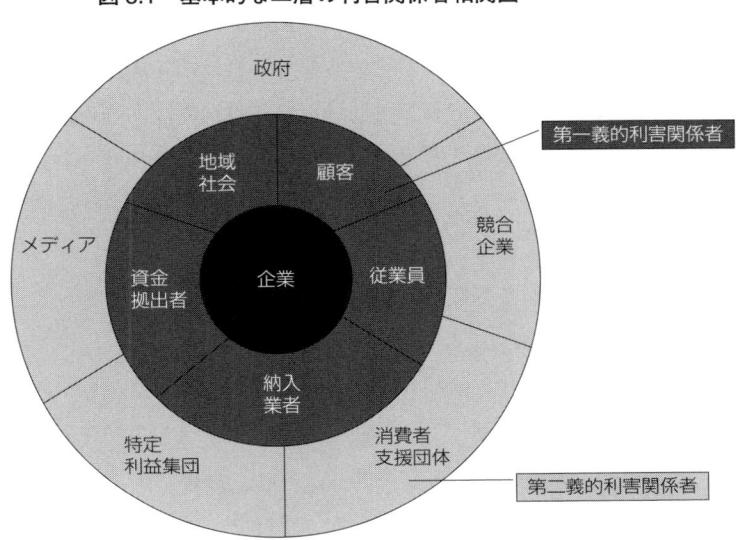

図 3.1　基本的な二層の利害関係者相関図

指針となる原則

　利害関係者という理念が好ましい組織的な枠組みを提供する一方で，経営者がそれを現実の実業界に応用することを支援するような指針となる原則がなければ不完全である。後の章で，利害関係者の枠組みの応用方法についていくつかの個別の考えを示すことになる。こうした指針となる原則は多くの会社での経験から来ていて，枠組みが作用する場合に必要となる利害関係者の思考様式を示している。

　1. 利害関係者の諸利益は，長期にわたって調和する必要がある。利害関係者志向の経営という概念そのものは，価値創造のプロセスが第一義的利害関係者のための利益の交差を見つけようとすることであるという事実に基づいて予見しうるものである。価値創造は，それぞれの第一義的利害関係者をよりよくする結合プロセスである。ボブ・カリングウッドの会社の製品とサービスは，何よりもまず顧客の価値を創造しなければならない。それゆえ，顧客は，それらに代金を払おうとするのである。納入業者は，ウッドランド・インターナショナルとの取引を進んでしたいと思わなければならない。それゆえ，製品とサービスは，最初の段階で創造されうる。納入業者がウッドランド社をさらに実効的で生産的にすることに積極的に関与しようとすれば，両社は勝者になる。ウッドランド社は，従業員に受け入れられるような仕事（賃金と付加的給付を伴うもの）を彼らに提供しなければならない。ボブとその仲間たちがウッドランドの目的を共有し，共創するように働き，価値を創造したいと考えている従業員を雇用できれば，皆が勝者になる。ウッドランド社は，自社が操業しているコミュニティーにおいてよき企業市民になる必要がある。比較的自由で開放的な社会であることから，市民は政治的圧力によりウッドランド社を強制的によき企業市民にすることもできる。ウッドランド社が責任ある市民として行動すれば，それはとても肯定的な行為を生み，より自由に操業することができるだろう。最後に，ウッドランド社は，株主に対して利益を示し，債権保有者，銀行などに対する債務を履行す

る必要がある。利益は，他の利害関係者との対立の原因ではない。利益は，どのくらい利害関係者の関係全体をうまく管理したのかを教えてくれる得点表である。ボブとその仲間たちは，こうした利害関係者の利益のバランスを維持し，できれば相互の利益を増大させなければならない。

2. 私たちは，多様な利害関係者を同時に満足させるような課題事項の解決策を見出す必要がある。ボブ・カリングウッドの問題は，彼の世界が寸断されていることにある。課題事項と問題は，様々な場所から様々な形で彼とそのチームに発生している。彼は，顧客，あるいは従業員とただ話をすることに仕事の時間の多くを費やすことができる。彼は，多様な利害関係者を同時に満足させるような計画，方針，戦略，製品やサービスさえ見出さなければならない。そのプロセスの最初のステップは，彼が，同時に満足させる解決策を求める必要があることを認識することである。たとえば，彼が，所得の低い市民にとって個別のサービスをより手ごろな価格にするよう圧力を受けていると仮定してみよう。株主を中心に置く経営者的な見方で，彼は，これを違法に「株主に税を課す」ものと見るかもしれない。こうした見方は，イノベーションを抑制し，批判者や規制当局との対立の原因となる。彼は，こうした批判をイノベーションと生産性を求めるものとして捉えるかもしれない。それゆえ，彼が何かを見出すことができれば，彼は（低所得の顧客向けの）新しい市場を開発でき，批判者を満足させ，コミュニティーにおいて良き市民となりうる。思考様式における相違は，まさに実質的なものであり，解決策を求めるものである。

3. 私たちのすることはすべて，利害関係者に仕えることである。私たちは，長期にわたって継続して，ある者と他の者の利益をトレードオフにしない。多くの成功した企業がどのように顧客に仕えるか，あるいは従業員に仕えるかについて考えているように，どのように利害関係者に仕えるかについての哲学を一般化することができる。多くの組織にとってその「存在理由」は，自分たちの外部環境のニーズを満たすことである。組織が目的や使命という感覚を失ったとき，組織が内向きにその管理者のニーズに焦点を置くと

き，無意味な存在になる危険がある。他の誰か（競合企業かもしれない）が外部のニーズをよりよく満たすこともある。どのようによりよく利害関係者に仕えるかについて考え始めるようになると，長期にわたって存続し，繁栄するようになる。次章において示されるように，利害関係者志向の経営のアプローチは，基本的な事業計画がその利害関係者をよりよい状態にすることを明確に述べることを会社に求める。

ボブ・カリングウッドの問題の一つは，利害関係者の中にトレードオフ関係を作るよう引きつけられていることである。そして，トレードオフ関係になることが不可避になることもあるが，彼は，慎重であるべきである。すべての第一義的利害関係者の利益を同じ方向にすることはより困難である。会社がサプライチェーン・マネジメントの新しい手法で顧客と納入業者の利益を一緒にしたように，多くの革新的な仕事は，この領域でなされている。実際，会社の中には，サプライチェーンのプロセスに環境にやさしく家族にも優しいようなプロセスを組み込んで，コミュニティーの利益を付加したところもある。五つのすべての第一義的利害関係者について考慮することは，イノベーションと成長につながる。一方で，トレードオフの関係を考えることは沈滞と定常的な事業活動しかもたらさない。

トレードオフの関係は，現実のビジネスの世界では作られなければならないときもある。経営者がトレードオフの関係を作らなければならないときがあるが，彼は，次の段階に進む必要があり，どのようにすれば，トレードオフの関係がその利害関係者の双方にとって改善となるかを尋ねたり，どのように会社が同じ方向でこれらの利益が得られるように確信できるかを問い続けたりする必要がある。トレードオフの関係を考えることは，容易であるが致命的なものである。

4. 私たちは，利害関係者に積極的に関与するという目的を持って行動する。私たちは，自分たちと彼らの夢の実現を願って行動する。私たちは，利害関係者中心の思考様式を共有するという基本的な考えは事業活動が目的を持ちうるという考えであると信じている。事業活動を推進しうる目的に限界

はない。ウォルマートは，「毎日が低価格」を支持する。メルクは，人間の痛みを緩和することを支持しうる。ノボ・ノルディスクは，糖尿病の根絶を支持する。大切なことは，企業家や経営者が重要な利害関係者の心や気持ちに訴える目的を見つけることができれば，成功が持続しうることである。

目的は，複雑である。目的のある事業活動を営むことは，さらに複雑である。第4章で，私たちは，目的志向で考えることの複雑さについて述べる。それは，「エンタープライズ戦略」あるいは「エンタープライズ思考」と呼ぶものである。企業にとって唯一可能な枠組みとして，株主を中心に置く経営者的な見方をやめれば，領域は無限に広がる。株主価値の最大化は企業にとってよい目的であるが，ただ一つの目的ではない。目的は，心を鼓舞するものである。

グラミン銀行は，貧困を撲滅したいと考えている。ファニー・メイ（連邦住宅抵当公庫）は，社会のすべての所得層が住宅を購入できるようにしたいと考えている。地場レストランのテースティングは，地域のたくさんの人々においしい食事とワインを提供したいと思っている。こうした組織はすべて，利益を上げなければならない。さもなければ，彼等は目的を追求することができなくなる。この考えを強調しすぎることはできない。資本主義は，他のものと一緒に自分たちの目的を追求することができるゆえに，機能する。私たちは，互いに日常的に活動して生じる，大きな考えや共同目的にまとまると，大きなことができる。

5. 私たちは，自発的行動主義の哲学を必要とする。すなわち，利害関係者と共に行動し，私たちの関係を，政府に任せることなく，管理することを必要とする。 経営者や評論家が株主を中心に置く経営者的な見方を明言する場合，無数の利害関係者の圧力を見ると，「利害関係者を非難したくなる」衝動にかられている。ここでの真の問題は私たちの思考様式にあると論じた。要するに，私たちは敵に出会ったが，それは私たち自身なのだ。私たちの課題は，利害関係者に即応できるように思考と経営プロセスを再構築することである。私たちは，こうした利害関係者中心の思考様式は，自発的行動

主義と共創という考えに基づかなければならないと信じている。自発的行動主義は，組織の必須の意志がその重要な利害関係者を満足させることであることを意味する。利害関係者に関する問題の解決が政府当局や裁判所により課される状況は，経営的な失敗として見られるに違いない。同様に，A社がB社よりも消費者支援団体，政府当局などのニーズを満足させる状況は，B社の競争的な損失としてみなされるに違いない。組織の推進力は，自発的行動主義の経営哲学の下，できるだけ多くの利害関係者の価値を創造することになる。自発的行動主義は共創なしに不可能である。実際，ウッドランド社の従業員，経営チームは全員，すべての利害関係者の価値を本質的に創造することが自分たちの仕事とみなすに違いない。

6. 私たちは，利害関係者との徹底した意思疎通と意見交換を必要としている。利害関係者は，ただ友好的なものばかりではない。 明らかに，多様な方法を通じて，顧客，納入業者，従業員，株主と徹底した意見交換を行う必要があるが，コミュニティー，批判者，他の第二義的利害関係者も同様に無視できない。批判者は，特に重要な意見交換のメンバーである。批判者は，ボブと彼のチームにウッドランド・インターナショナルに対する別の視点を提供しようとする。批判者に対する一つの見方は，市場のニーズへの不適合をあらわしているとするものである。というのは，批判者は会社に違う行動をとってもらいたいと思っているからである。経営者の仕事は，潜在的ビジネス・モデルがあるかどうかを見ることである。それゆえ，このニーズへの不適合はすべての利害関係者の勝利を生む起業家的な機会に転化できる。すべての批判者が満足させられことはできない。すべての批判者が正当な視点を有しているわけではなく，すべてのニーズが充たされうることはない。ただし，経営者が価値を創造する機会があるかどうかを決定するに足る批判者に会うことはよくあることではない。意見交換は，自由社会の土台であり，資本主義それ自体の土台である。すべての参加者が価格を知っているという，スポット市場の取引に関する架空の物語があるもにもかかわらず，現実のビジネスは，好意，正直，開かれた意思疎通の土台の上に築かれる。実

際，過去25年の間になされた経営者との会合はすべて，いくつかの点で，よりよい意思疎通のニーズを強めるものであった。これはまた，利害関係者志向の経営の見方における現実である。ニーズを満たすことは，より困難で，真剣に取り組まねばならないものである。

シェル石油の事例からこの問題について学ぶことができる。同社が，公衆の前で攻撃されたのは，ナイジェリアの活動家であるケン・サロ＝ウィアを死なせないようにするために何もしなかったときと，北海にブレント・スパーという石油備蓄施設を沈めるという，善意の決定，おそらくは技術的にも正しい決定がなされたときである。シェルは，そのアプローチを変え，利害関係者との共創を重要な企業哲学とした。シェルは，もはや外部の利害関係者によって脅かされることはなく，その経営者は友好的なものであれ，批判的なものであれ，すべての利害関係者と積極的に共創しようとしている。

7. 利害関係者は，名前と顔と家族を持った生身の人間からなる。彼らは複雑なものである。 もちろん，人間は複雑で，それは言うまでもないことである。しかしながら，企業人に関して人気のある思考の多くは，ちょうど反対のことを仮定している。企業人は，自分たちの狭い領域で明確にされた自己利益のために企業の中にいるという仮定がよくなされる。株主を中心に置く経営者的な見方の主要な仮定は，株主が財務報告書の数字にしか関心がなく，それゆえ，その代理人である経営者は数字にのみ関心を払うべきだというものである。あるCEOは，次のように述べている。「私の管理する唯一の資産は，日々エレベーターを上下しているようなものだ」。

人間は，理解しにくい。私たちの多くは，自分たちのすることをする。なぜなら，利己的であると同時に他者にも関心があるからである。企業は，他者と一緒に，あるいは他者のためにモノを創造したいという衝動ゆえに機能する。チームで働いたり，顧客の生活をよりよく，より幸せに，あるいはより快適にする新しい製品や物流システムを作ったりすることは，私たちが日々働きに行くことの要因になりうる。これは，給与を得たいという経済的なインセンティブを否定するものではない。狭隘な自己利益という仮定は，

極端に限定的なものであり，自己強化しうるものである。人々は，それが自分たちに期待されていることだと思うと，エンロンのような不祥事が示しているように，狭隘な自己利益を求めるやり方で行動し始める。私たちは，より複雑な心理状態を受け入れる必要がある。親であれば誰も，子供が成長し一人前になった後で，そのことを理解する。私たちは，経営者が自分たちの敵対者が元々考えていた以上のものであることを発見する物語に次から次と出くわす。要するに，経営者は自分たちの敵対者が自分自身の人間性を共有していることを見出すのである。この話のすべてを覚えておくべきである。

8. 私たちは，マーケティング的な接近方法を創出することを必要とする。
私たちは，利害関係者のニーズを理解することにより多くの支出を行う必要がある。それは，利害関係者をセグメントに分けるマーケティング手法を用いて，個々のニーズをよりよく理解し，マーケティング調査の方法により，ほとんどの利害関係者集団の多様な属性の本質を理解することに用いられる。「多くの支出を行うこと」は，効率思考によって正当化されるものを超えて，企業の長期的な成功にとって重要な集団に対して，これまでより注意を払うことである。その会社の支持が衰えることのない利害関係者に多くの支出を行うことは，多くの点で意味をなす。

たとえば，日用品の会社の多くは，多くの支出を顧客に対して行い，毎年，何千人にインタビューを行っている。通信会社は，伝統的に規制のプロセスに注意を払うことに多くの支出を行ってきた。それは，長期にわたって主要な収益源となった。石油会社は，また，意識的に OPEC と同様に政府と公衆に肯定的な印象を与える利害関係者に対して多くの支出を行う方針を採用することを考慮すべきである。化学会社は，近年，環境主義者に多くの支出を行い，「汚い会社」や「環境破壊者」といったイメージを一掃し始めている。多くの支出を行うことは，必ずしも金銭的に測定されるわけではない。支出は，時間や情熱，あるいは一定の利害関係者集団により求められる関連する資源を単位としてなされるだろう。

マーケティング・アプローチの応用は，他にも利点がある。マーケティン

グ原則の応用により，より詳細なきめ細かい方法で利害関係者のニーズを理解できる。これによりイノベーションと成長がもたらされる。現在従事していないセグメントの顧客のニーズを理解することは，イノベーションの源泉である。同様に，批判者が指摘する製品の欠陥について理解することは，新しいものを改善し開発する方法となりうる。利害関係者は，イノベーションと成長の源泉であるが，いくつかの企業が「顧客と向き合う」組織を創造しようと様々に取り組んでいるように「利害関係者と向き合う」組織を創造しなければならない。利害関係者と向き合う組織において，すべての行動は，利害関係者を理解し彼らに対してより奉仕しようとするものになる。

9. 私たちは，第一義的利害関係者と第二義的利害関係者の双方と共創する。利害関係者アプローチの背景にある基本的な考えは，集団や個人が会社に影響を与えたり，会社により影響を受けたりするとき，相互作用や戦略的思考を必要とするということである。多くの経営者は，必ず特定の利害関係者，特に批判者が「正当」であるかどうかという問題に忙殺されている。これはある目的にとっては重要な争点であるが，利害関係者の思考様式は，経営者に対して，正当な利害関係者だけでなく，全体的見地から見ると正当性が疑われる利害関係者にも会い，交流し，交渉することを奨励する。

　より実際的な言い方をするならば，影響力を有する集団は，純粋な資本主義制度で存在すべきでないにもかかわらず，考慮されなければならない。比較的自由で開放的な社会において，広範囲の利害関係者と交渉しないという結果は，利害関係者が政治プロセスを用いて，会社の利益にとって好ましくないような一連の規制を課すことを政府に求めることになる。「経営者の正当性」の観点からこうした考えについて検討できる。すなわち，ある集団が会社への影響力を有していたら，そうした集団について考慮することに経営者が時間を使うことは正当化される。しばしば，その交流は，企業と批判者の双方の行動についての固定観念から始まるので，プロセスへの注意深い配慮（第5章で述べる）により，双方にとって肯定的な関係に変換することが可能である。

10. 私たちは，絶えず自分たちの利害関係者によりよく仕えるようにプロセスを監視し，再設計する。利害関係者の思考様式の証明は，今日の世界においていつでも誰でも明示できるものではない。利害関係者との交流や戦略が何であれ，それは絶えず改善されうる。こうした改善の古典的な事例は，環境に関する思考から生じている。環境や環境主義者へ配慮する中で，マクドナルドからスリーエムまでの会社は，急速に製造工程を見直し，廃棄物の流れを新製品に変え，何百万ドルものコスト削減を実現し，環境にやさしい企業，環境保護運動の集団とともに働く意志のある企業としての世評を獲得した。

◆ Box 3-1 ◆

利害関係者志向の経営の 10 原則

1. 利害関係者の諸利益は，長期にわたって調和する必要がある。
2. 私たちは，多様な利害関係者を同時に満足させるような課題事項の解決策を見出す必要がある。
3. 私たちのすることはすべて，利害関係者に仕えることである。私たちは，長期にわたって継続して，ある者と他の者の利益をトレードオフにしない。
4. 私たちは，利害関係者に積極的に関与するという目的を持って行動する。私たちは，自分たちと彼らの夢の実現を願って行動する。
5. 私たちは，自発的行動主義の哲学を必要とする。すなわち，利害関係者と共に行動し，私たちの関係を，政府に任せることなく，管理することを必要とする。
6. 私たちは，利害関係者との徹底した意思疎通と意見交換を必要としている。利害関係者は，ただ友好的なものばかりではない。
7. 利害関係者は，名前と顔と家族を持った生身の人間からなる。彼らは複雑なものである。
8. 私たちは，マーケティング的な接近方法を創出することを必要とする。
9. 私たちは，第一義的利害関係者と第二義的利害関係者の双方と共創する。
10. 私たちは，絶えず自分たちの利害関係者によりよく仕えるようにプロセスを監視し，再設計する。

基本的枠組みの応用

　利害関係者の枠組みと思考様式に関する10原則は企業について考える三つのレベルで応用できる。第1に，利害関係者志向の経営は，全体としての企業にとって意味をなすものである。私たちは，個々の企業にとって重要な利害関係者は誰なのか，その利害は何なのかを理解する必要がある。第2に，私たちは，明示的なものであれ，非明示的なものであれ，重要な利害関係者との関係を管理するために用いられる事業と経営のプロセスを理解する必要がある。最後に，日常の利害関係者との交流と取引について理解する必要がある。

全体としての企業―利害関係者相関図の作成

　組織目的の達成に影響したり，それにより影響を受けたりする集団や個人は誰なのか。組織における利害関係者相関図はどのように描かれるのか。こうした相関図を作成する際の問題は何か。

　実践的であるために，利害関係者の枠組みは，利害関係者として特定の集団と個人をとらえ，行動志向を応用しなければならない。それにより，特定の集団と個人とともに具体的な行動を生むことができる。思考様式としての「利害関係者志向の経営」は，企業が行動志向の方法で特定の集団と個人との関係を管理する必要性と関係する。

　利害関係者は，図3.1で示したように，一般レベルで特定される必要がある。加えて，利害関係者は，また，より細かい分析レベルで特定される必要がある。たとえば，ある企業が顧客を尊重する一連の全体にかかわる原則や価値基準を開発しようとするような場合を除いて，重要な利害関係者として「顧客」を特定しても，不十分であり，率直に言って役に立たない。利害関係者をより意味のあるカテゴリーに分けるマーケティング・アプローチを一般化する原則を応用する必要がある。より有用な分類は，以下のようなものである。それは，(1)卸売業者（あるいは，国，規模などの変数で分類され

る卸売業者),(2)重要な小売業者,(3)最終消費者(適切な分類がなされる)である。同様に,コミュニティーも多くの違った方法で分類できる。(1)工場のあるコミュニティー,(2)多くの従業員が暮らすコミュニティー,(3)製品が販売される国やコミュニティーである。利害関係者を特定する,唯一の正しい方法はないが,有意な利害関係者の特定プロセスは,図 3.1 の一般的な利害関係者相関図をより有用な図 3.2 のような利害関係者相関図に変えるような形で行われることになる。

もちろん,多角化企業における異なる事業部には異なった相関図もあろう。こうした企業においては,最も重要なのは,顧客,納入業者,従業員,

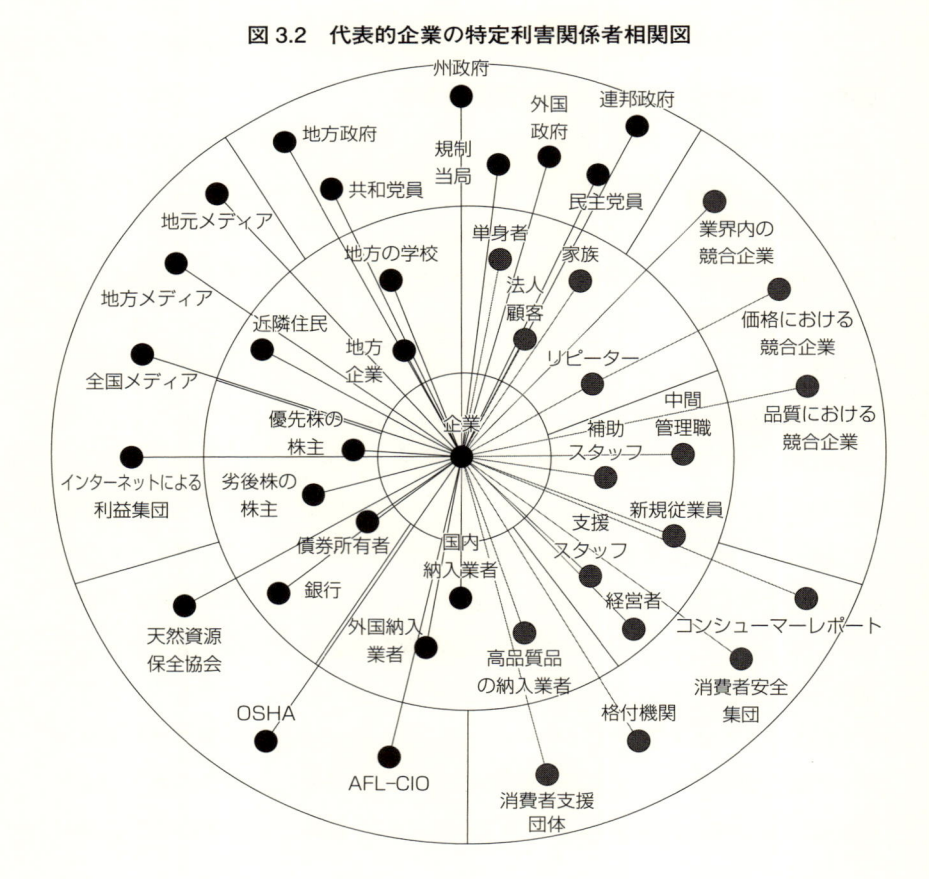

図 3.2　代表的企業の特定利害関係者相関図

コミュニティー，資金拠出者のようなトップレベルで明確な利害関係者をどのように対応しようとするかに結びつく一連の原則を持つことである。というのは，今日の開かれた企業の世界では，一貫性が必要だからである。

　私たちは，会社を中心に置いて利害関係者相関図を描いた。強調したいことは，経営に関する考え方としての利害関係者志向の経営であり，それゆえ，こうした描き方が有用である。しかし，この相関図は，宇宙の中心に企業が存在するかのような印象を与える。これは誤った理解である。私たちは，他のどれか一つの利害関係者の視点から世界を見ることができる。第5章では，利害関係者のための価値創造のテクニックの一つが彼らの観点から世界を見ることであると述べている。重要な利害関係者を中心にすると，その利害関係者相関図となる。実際，ノボ・ノルディスクは，相関図の中心に，顧客と潜在的顧客，あるいは「糖尿病患者」を置いて，その利害関係者相関図を描いている。それぞれの会社は，独自の目的に最も有用なやり方で，自分たち自身の相関図を描くことができる。

　成功した会社の多くは，全体としての企業のレベルで利害関係者を扱う立場でよく知られている。H・B・フューラーは，最も重要な利害関係者として顧客を挙げ，以下，従業員，株主，コミュニティーの順になっている。同様に，ジョンソン・エンド・ジョンソンの我が信条は，株主を最後に置き，顧客を最初に置いている。

　図3.3は，どのように個別の利害関係者相関図が「名前と顔」を認識できるものに変わるかを描いている[1]。究極的には，利害関係者の集団は，生身の人間により構成され，今日の情報技術は，利害関係者志向の経営に個人的アプローチを適用させる。

　Box 3-2は，利害関係者相関図（図3.2）に示された特定の利害関係者集団の利害関係や利益に関する分析を示している。図3.3は，実際のところ，私たちがXYZ社と呼ぶ会社の架空の利害関係者相関図である。XYZ社の所有者の利害関係は，特定の利害関係者集団の中において様々である。XYZ社の従業員，同社の株式を所有する年金基金は，同社の株価の長期的

68   3 基本的枠組み

図 3.3　XYZ 社における側の利害関係者相関図

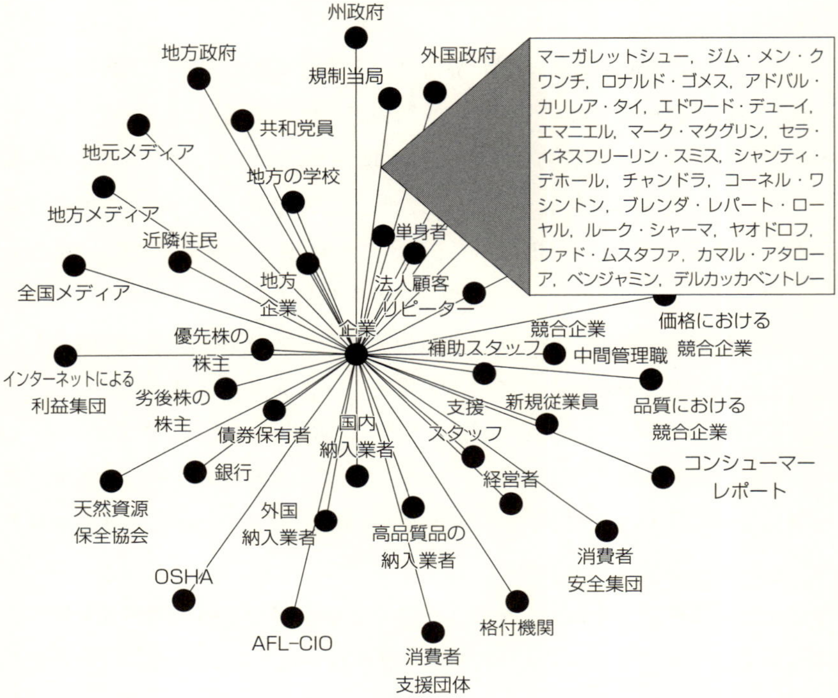

図中のラベル：州政府、地方政府、外国政府、規制当局、共和党員、地元メディア、地方の学校、地方メディア、近隣住民、単身者、全国メディア、地方企業、法人顧客、リピーター、企業、優先株の株主、補助スタッフ、競合企業、価格における競合企業、インターネットによる利益集団、劣後株の株主、支援スタッフ、中間管理職、新規従業員、品質における競合企業、国内納入業者、債券保有者、銀行、経営者、コンシューマーレポート、天然資源保全協会、外国納入業者、高品質品の納入業者、消費者安全集団、OSHA、格付機関、AFL-CIO、消費者支援団体

枠内：マーガレットシュー，ジム・メン・クワンチ，ロナルド・ゴメス，アドバル・カリレア・タイ，エドワード・デューイ，エマニエル，マーク・マクグリン，セラ・イネスフリーリン・スミス，シャンティ・デホール，チャンドラ，コーネル・ワシントン，ブレンダ・レパート・ローヤル，ルーク・シャーマ，ヤオドロフ，ファド・ムスタファ，カマル・アタローア，ベンジャミン，デルカッカベントレー

上昇に関心がある。彼らの退職後の所得は，同社の健全性と退職後の収益力に依存する。他の株主集団は，現在の所得を求めている。XYZ 社は，長期にわたって中庸な成長を遂げ堅実な会社として知られている。

　法人顧客は，同社の製品を大量に利用し，どのように製品が長期にわたって斬新的に費用を改善するかに関心があった。多くの家庭は，同社の製品を少量ながら利用していたが，彼らにとってその少量の製品が重要な要素であり，容易に他と代替することができなかった。こうして，異なる顧客の利害関係は利害関係者を全く異なったものに分けることになる。ある消費者支援団体は，多くを XYZ 社の製品に依存している高齢者に対する同社の製品の決定の影響に懸念を抱いていた。他の消費者支援団体は，安全性の面で同社の他の製品について懸念していた。マーケティング・アプローチの一般化と

3　基本的枠組み　69

◆ Box 3-2 ◆

XYZ 社における主要な利害関係者の利害関係

法人顧客
―製品の大量利用者

従業員
―雇用と雇用保障

顧客
―受取年金

株主
―成長と収益の均衡
―株価の安定

民主党員
―特定の商品の大量利用者

家庭
―製品の少量利用者，代替品の欠如

消費者団体 1
―高齢者に対する XYZ 社の影響

消費者団体 2
―XYZ 社製品の安全性

共和党員
―特定の商品の大量利用者

その応用により，XYZ 社の利害関係者を構成する利害関係の多様性がより明らかになる。

　例が示しているように，全体としての企業にとって利害関係者相関図の作成は，特定の集団とそれぞれの利害関係を確認する点において，容易なことではない。図は，とても単純化したものである。というのは，それは利害関係者を静態的に描いているからである。実際には，時間の経過と共に利害関係者は変化し，その利害関係も考慮中の戦略的課題事項により変化する。同様に，現実にポートフォリオを作成することも容易なことではない。市場占有率の測定に問題があるからである。こうした例のいくつかの含意を考えると，ことはより困難になる。

　最初の含意は，利害関係者の中には，多様な役割を演じるものがいるということである。これを「一組の利害関係者の役割」，あるいはある組織における利害関係者として個人ないし集団が演じる一組の役割と呼ぶ。たとえば，従業員は XYZ 社の顧客であるかもしれないし，また，同社の組合に属し，同社の株式を有し，共和党の党員で，消費者支援団体のメンバーである

かもしれない。ある利害関係者集団のメンバーの多くは，また，他の利害関係者集団のメンバーで，ある組織における利害関係者の能力の点で，彼等は対立し競合する役割のバランスを図らなければならない（あるいは，バランスを図ってはならない）。各人における，そして集団のメンバーの中での葛藤が生じる。特定の利害関係者の一組の役割は企業の行動に異なる，対立する期待を生じさせることになる。ある組織や利害関係者集団にとって，「一組の利害関係者の役割」の分析は適切なものである。

　第2の含意は，利害関係者集団相互の繋がりである。ABC社は，その労働組合の一つが，同社をもっと規制しようとして重要な政府当局に圧力をかけている敵対的な消費者支援団体に多額の寄付を行っていることを知った。利害関係者集団のネットワークは，個別の課題事項に現れ，長く持続する。集団間の連携は，個別の課題事項について会社を支援したり，それに反対したりするために行われる。また，企業の中には，利害関係者Cに影響する，利害関係者Bに影響するために，利害関係者Aに対して影響力を行使して，間接に働きかけることが上手なところがある。

　DEFユーティリティは，消費者支援団体が集団に何の経済的影響もない課題事項について同社に反対する理由が理解できない。経営者は，その集団がDEFに反対している唯一の理由は，料率を変更する前にその変更を自分たちに知らせなかったことにあると語った集団のリーダーについて話した。要するに，消費者集団は，DEFの経営者とは異なった利害関係を有すると認識している。DEFの経営者は，料率の変更が消費者集団や構成員に経済的利益がある場合，何ら問題はないと思っている。消費者集団は，異なった認識で，影響を与えるもの，お節介を焼くものとしての重要な役割が自分たちにはあると考えている。

　その利害関係を組織が認識するという点での利害関係者の分析は，十分ではない。こうした認識が利害関係者の認識と一致していないと，世界の卓越した戦略的思考はすべて作用することはない。要するに，人は理解しにくく，複雑である。行動の理由を純粋に経済的な利益に求めることは，あまり

賢いことではなく，機能しにくい。その経済的利害関係を無視することは，致命的である。利害関係者の思考様式は，経営者に対して安易に結論に達する前に利害関係者が人間で複雑であることを確認するよう求める。

調和の問題は，多くの企業において現実のものである。というのは，経営者が日々利害関係者について仮定していることを点検する組織的プロセスを有しているところはほとんどないからである。利害関係者の相関図，利害関係，役割の観点から提案した分析は，戦略プロセスや業務プロセスの分析を通じて組織の機能を十分に理解することにより磨かれることになる。

事業プロセスと事業機能

大規模で複雑な企業は，利害関係者との関係に係る目的を達成するために多くのプロセスを有している。手続きや方針の日常的な適用からより洗練された分析手法の使用まで，経営者は日常業務を行い，より複雑な業務をより定常的なものにするためにプロセスを考案する。

組織は，利害関係者とその利害関係を確認するが，こうした利害関係者の価値を創造することへの関心を標準的な業務手続きに組み込んでいなければ，問題が起きる。問題は，多くの組織のプロセスが統制志向であることである。すなわち，従業員の行動や，顧客，納入業者さえ統制しようとしている。私たちは，こうしたプロセスを再び機能志向にさせることを好む。組織が知るべき利害関係者の価値を創造するための方法は何であるか。事業機能を明確にすることは，統制の問題を付随的なものにする。

事業機能は，その利害関係者のためにいかなる成果を生み出すかに始まり，それで終わる。図3.4はこうした考えを示したものである。たとえば，「学習に専念する従業員」というような，会社が生み出したい成果について明確な考えを有しているとき，会社はその成果がもたらされるかを支援する適切な方針とプロセスに向かって機能しうる。ユナイテッド・テクノロジーは，伝統的に従業員教育に取り組んできた。その事業機能は，教育され，積極的に関与する労働力を生むことであり，それはその産業に従事するものに

図3.4　利害関係者のための事業機能

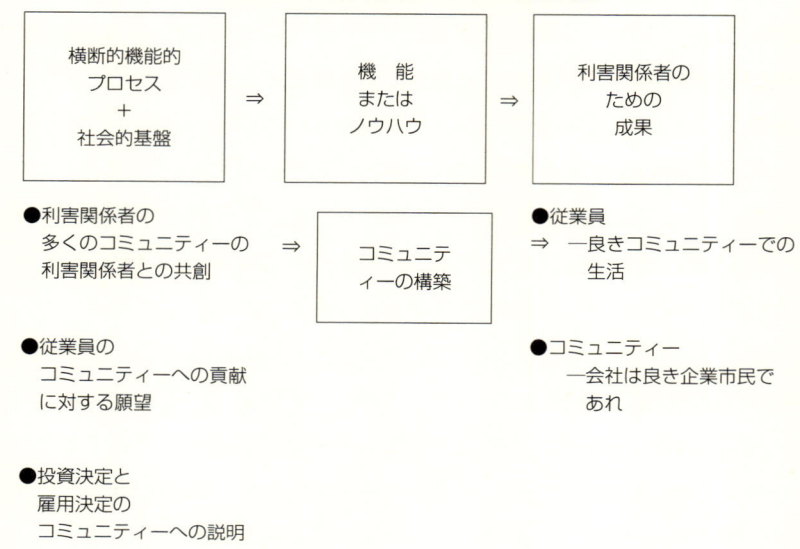

```
┌─────────────┐     ┌─────────┐     ┌─────────────┐
│ 横断的機能的 │     │ 機 能   │     │ 利害関係者の │
│  プロセス    │ ⇒  │ または  │ ⇒  │  ための     │
│    ＋       │     │ ノウハウ│     │  成果       │
│ 社会的基盤   │     │         │     │             │
└─────────────┘     └─────────┘     └─────────────┘
```

●利害関係者の
　多くのコミュニティーの　⇒　┌──────────┐　　●従業員
　利害関係者との共創　　　　　│コミュニテ│　　⇒　―良きコミュニティーでの
　　　　　　　　　　　　　　　│ィーの構築│　　　　生活
　　　　　　　　　　　　　　　└──────────┘

●従業員の
　コミュニティーへの貢献　　　　　　　　　　　●コミュニティー
　に対する願望　　　　　　　　　　　　　　　　　―会社は良き企業市民で
　　　　　　　　　　　　　　　　　　　　　　　　　あれ

●投資決定と
　雇用決定の
　コミュニティーへの説明

とって必要なものであった。従業員が選んだ教育の努力を支持する方針は，学習に専念したい従業員の成果を生んだ。それは一部には，自分で教育を選んだからである。ユナイテッド・テクノロジーは，内部の教育プログラムを有し，従業員が企業の成功において学習が重要な役割を果たすことを理解することでこの伝統を築きあげた。

　利害関係者中心の他の事業機能は，従業員がそこで生活し働くコミュニティーの構築とその支援を含む。ミネアポリスにあるデイトン・ハドソン社は何年にもわたってこの機能と連動し，ミネソタの芸術と低所得者家庭に対するプログラムに貢献している。

　戦略評価のプロセスは，よい発想が「利害関係者思考」というよりは「統制思考」となる，もう一つの例である。このプロセスの背景にある発想は，会社の最高経営者が定期的に公式の評価委員会で部門や戦略事業単位の管理者と会合を持つということである。計画された目標への進展が評価され，新しい戦略が策定されることもある。最高経営者は，よく専門のスタッフを連

れていく。彼らは，事業部の管理者が答えにくい質問を発する。こうした評価が一般的に戦略計画のサイクルに組み込まれ，期待に関する意思疎通と個人と事業部の評価の手法として用いられる。戦略評価に関する主要な問題は，「CEO が自分たちに関与させたい数字を予測する」ゲームとなっていることである。戦略的思考は，予算編成では容易に見えないように行われるようになる。

　戦略評価は，重要な利害関係者との関係とどのようにそれが変化しているのかに焦点を置く必要がある。また，こうした関係を管理し，価値創造のプロセスを継続するために作られる事業機能に焦点を置く必要がある。戦略評価は，政府，コミュニティー，批判者への関心を含み，全く異なった事業条件を生むようなシナリオに目を光らせなければならない。評価において，部門管理者の視点から強調されることは，業績を評価する上級経営者によく見られるようとすることである。多くの戦略評価プロセスと個人と事業部の業績評価の混合の形式的な手続きは，事業部門の管理者が多様な利害関係者への関心を払うことを困難にする。それらが個々の事業部に対する成功の要因に関して確立された会社の見識と対立しうるからである。

　多くの統制プロセスは，悪いニュースを志向しない。事実が明らかになった後で，利害関係者を非難するのは容易である（どのような上級経営者が冷静に部門管理者に対して利益損失を計上する規制の説明責任を求めるのか）。利益に対する責任は多くの大規模な多角化企業において分権化されている一方で，市場とは無関係の利害関係者（一部の市場における利害関係者を含む）を管理する責任はない。全社レベルの広報や広報・渉外部門は会社の事業すべてに安定的なビジネス環境を保証する責任の多くを負っている。部門管理者は，当然のことながら，重要な利害関係者の変化に対する統制が不足していることを認識している。部門管理者に対する利害関係者分析のセミナーで，支配的な意見は以下のようなものだった。「素晴らしい話だ。残念ながら，私の上司はここにいないので，彼にこの話を聞かせることができなかった」。その会社の最高経営層向けの同様のセミナーでは，支配的な意見は

以下のようになった。「素晴らしい話だ。残念ながら，担当者（部門管理者）はここにいないので，彼にこの話を聞かせることができなかった」。

　利害関係者の思考様式は，会社の中核的なプロセスと事業機能すべてに吹き込まれなければならない。利害関係者にとってどのような成果が生まれるかに焦点を置くことによって，こうしたプロセスと事業機能は，事業の中心に価値創造という事柄を維持できる。こうしたプロセスを絶えず再設計し監視することにより，また，広範に利害関係者と共創することによって，会社はこうした標準的業務手続とプロセスをよい状態で関連させ続けることができる。

利害関係者との日常の取引

　取引は，大切なことである。それは，会社が現実に利害関係者の価値を創造することである。使命記述書，現場以外での会合，プロセス監査，善意から出る経営者の指示はすべて，会社が価値を創造するような取引をすることができなければ意味がない。多くの会社は，利害関係者集団と日常的に取引をしている。顧客に製品やサービスを販売し，納入業者から原材料やサービスを購入し，従業員と付き合い，日常生活から統治まで，たくさんのコミュニティーの活動と共創している。こうした取引の多くは，まったく通常のものであり，興奮させるものではないが，利害関係者の思考様式のある会社においては，利害関係者に対してより多くの価値さえ生み出すような，より良い，より速い，より安価な方法を求めているものがいる。

　取引は，従業員の思考様式に繋がる。経営者が株主だけを気にしたり，統制のみを考えたりする思考様式を堅持していると，利害関係者と価値創造を行う可能性を除外するようになる。利害関係者の思考様式は価値創造の可能性のある日常の取引に組み込まなければならない。言いたいことは，批判者と一緒であっても，共創を通じて創造され実現される価値があることである。

　ここで ABC 社の話が有益である。ABC 社は，国際的企業で，たくさん

の献身的な支持者に対して唯一のブランドを構築している。多くの子供たちは，このブランドと共に育ち，たくさんの楽しい思い出を残している。ABC社は，子供たちへの言葉に誇りを感じ，会社の使命は，子供たちのニーズに仕える必要性を明らかにしている。時折起こることだが，たくさんの大人が成人しても同社の製品を使い続け，彼等は新製品ばかりでなくこれまでの製品の多様な使い方を見出す。こうした顧客の中から，インターネットで愛好者団体を作り，新製品のアイディアについてABC社に連絡をとるものが出始めた。愛好者団体が新製品のアイディアの実現を何度も主張したとき，ABC社は，法律顧問に著作権および商標権違反の可能性を詳細に説明した，慎重に表現された手紙を送った。愛好者団体は，同社が自分たちの製品に積極的に関わっておらず，自分たちの熱意に信じられないほど応えていないと思った。最終的に，ABC社の管理者たちはこうした顧客との交流は生産的でないと考えた。それによりこうした愛好者団体は，単なるフォーカス・グループと新製品開発チームとなり，会社の思考に組み込まれた。

　内部の手続きとプロセスに焦点を置くことにより，こうした顧客との取引は，非生産的となり，価値は破壊される。会社内部の思考様式を自発的に利害関係者と共創する思考様式に変換することにより，取引は急速に変わり，新製品のアイディアが現れる。

　XAB社の研究は，興味深いものである。そこは，全体としての企業レベルにおいて利害関係者を会社として特定することと現実の利害関係者との取引との一貫性の欠如により機能不全に陥った。XAB社は，その利害関係者の相関図を理解し，第一義的，第二義的利害関係者集団と戦略を策定し実施する組織プロセスを有していた。しかし，XAB社は，最高経営層の何人かを，彼等はこうした集団の主張に理解も共感もしていなかったが，有益な集団との会合に送り出した。想像されるように，会社は彼らと何も生み出せなかった。戦略も手続きも会社の目的にとって不適切に与えられてしまった。また，他の交流では，会社と利害関係者との取引が戦略と手続きを公正の観点から試されることもなかった。

消費者の不満は，会社の取引能力に顕著な突破口をもたらす領域である。多くの会社が単純に消費者の不満を無視し，他の誰かに仕えている5％の市場として拒絶してしまっている。消費者の不満を扱うための成功のプロセスがないばかりか，それに関わる取引はよくある喜劇役者のネタとなる。次のように言われる以上に，消費者をいらいらさせる言葉はない。「すみません。お力になりたいのですが，こうすることが会社の方針なのです」。消費者運動の活動家は，会社の方針だと言われることは，管理者にとってはことを終わらせることであるかもしれないが，消費者支援の始まりとなると述べている。いくつかの成功した会社は，消費者の不満を取り上げることに「多くの支出」を行っているようである。IBMのサービスへの積極的関与，P&Gの消費者苦情受付部門，そして，ノードストロームの何も言わずに払い戻しを認める哲学は，顧客との取引の本質を理解する有用な事例である。こうした会社は，顧客の不満が顧客のニーズを理解する機会を生むかのように行動する。それは，最終的には，良い業績をもたらし，利害関係者を満足させる。

思考様式は重要である。取引は，業績になる。執行がボブ・カリングウッドの問題であるならば，絶えず問題を生むような思考様式を探索すべきである。ボブは，多様な利害関係者を同時に満足させることを考えるチームを必要としている。利害関係者と向き合う組織は，利害関係者との取引のすべてで価値を創造しようとする。これは単純な考えであるが，深い思考が求められる。それは，自分たちが何を支持するのか，利害関係者のそれぞれとどのように価値を創造するかについて質問を発することを求める。戦略的思考は，利害関係者中心の思考と全体としてのエンタープライズについて考えるように転換される必要がある。それがボブ・カリングウッドの問題である。

4

利害関係者・目的・価値基準

　ボブ・カリングウッドは，2日間にわたる戦略会議に向けて準備していた。彼は，自分が率いるチームとコンサルタントが数年間にわたって取り交わした会話の内容に思いを馳せていた。コンサルタントは，業界の勢力図を描く際に手を貸してくれただけではなく，主だった競合企業の戦略を特定し，ゲームのルールを書き換えるために競合企業が採用した戦略も明らかにしてくれた。また，コンサルタントは，自社の強みと競争優位の源泉を特定するまでのプロセスについても綿密に調査してくれた。さらに，コンサルタントは，「No.1 のプレイヤーを打ち負かす」ために必要な戦略的意図までも提案してくれた。しかし何かが欠けていた。ボブは，次のように考えるようになっていた。なぜ自分は懸命に働くのだろうか。何が自分とチームの全体を盛り上げてきたのだろうか。彼は，株主価値の最大化は全く以て意味を持つことはなかったという結論に至った。株主価値の最大化を図るために，彼は毎日ベッドから起き出していたわけではなかった。たしかに彼には，ストックオプションが付与されていた。しかし株主価値の最大化が彼にとって意味を持つことはなかった。仕事で彼と関わる人々に対して，株主価値の最大

化がインスピレーションを与えることもなかった。ボブと彼が率いるチームにインスピレーションを与えたのは一体何だったのであろうか。ボブたちは、「どうすれば利害関係者の暮し向きを良くしていくことができるのか」について議論を交わしていたのであろうか。ボブたちが今更、「企業の目的」、「自分たちは何に拠って立つべきか」、そして「自分たちと共に働く仲間は何に拠って立つべきか」について話し合ったとしても、事を始めるのにはもう手遅れではないだろうか。ボブたちが抱く夢や大志を「利害関係者のための価値創造」というビジネス・モデルに変えることは容易ではないこともボブは理解していた。

戦略的思考

戦略的思考については、数多くのモデルが長年にわたって開発されてきている。現実に目を向ければ、戦略系コンサルティングファームのコンサルタントは、ボブ・カリングウッドのような人物が陥っている混乱を整理して、役員を支援する機会を待っている。

戦略をめぐって様々なアイディアが編み出された。こうしたアイディアの核心部分に目をやってみても、「企業の目的は何か」という問題に回答は示されていない。企業の目的さえ定義できれば、企業を方向付けることも可能となり、「なぜ私たちがビジネスに従事しているのか」について説明することもできる。また、企業の目的が定義されれば、従業員にインセンティブを与え鼓舞する際に役に立つだけではなく、特定の目的を共有する人々の関心を惹き付けるうえでも役に立つ。企業の目的は、顧客と納入業者の目に映る競合企業との差別化を図るうえでも有効である。企業の目的は、「当該企業が事業を営む地域でどのようなタイプの市民となるのか」について地域の人々に強いシグナルを送ることもできる。

企業の目的について、株主価値の最大化を唯一正当化可能な目的として掲げる人もいる。このようなタイプの人は、企業の目的について誤解してい

る．第1の理由は，株主価値の最大化には内在的価値が存在しないからである．株主価値の最大化を奉じる人々の考え方は，そのすべてがアダム・スミスの思想を借用し変造しているにすぎない．株主価値の最大化を唱える人々は，（特殊な経済状況を前提として）企業が株主価値を最大化すれば，社会に最大限の幸福がもたらされるという思想を持っている．社会に最大限の幸福がもたらされることは最も重要なことであり，それ自体に内在的価値があるという思想でもある．第2の理由は，企業の性質が絶えず変化している状況の下で，株主を中心に置く経営者モデルも疑問視され，実態にそぐわなくなっているからである．第3の理由は，たとえ株主価値が唯一の正当な目的だとしても，それが唯一の目的である必要性もなくなっているからである．株主価値の最大化のモデルは，発行株式が証券取引所で広く一般に取引される企業（＝公開企業［訳者注］）という特殊限定的な法人の形態を前提としている．もっとも新しく事業を起こすとしても，私たちの目の前には様々な選択肢が用意されている．法人格を取得して起業することもあれば，法人格を取得しないで起業することもある．形式を優先して起業することもあれば，形式を優先せずに起業することもある．いずれにせよ，価値創造を伴うすべての活動には，利害関係者との取引が必要不可欠となっている．したがって，株主価値は，価値創造を伴うすべての活動には役不足の感がある．第4の理由は，ジム・コリンズとジェリー・ポラスの最近の研究で解明されたように，企業のビジョン・価値基準・目的が永続企業の特徴として注目を集めるようになったからである．こうした企業はたしかに株主価値を最大化している．しかし留意すべきは，いずれも株主価値の最大化に主眼を置いていない点である．たとえば，メルクは，人々の窮状を見て医薬品を発明した．スリーエムは革新的であろうとした．ウォルマートは，「毎日が低価格」を徹底している．企業の目的とそれに基づく企業のビジョンや価値基準は，株主価値よりも広義の意味を持つものの，しかし同様に等しく重要な意図を持っている．あるCEOは，次のような言葉を残している．「もし，あなたが株主価値の最大化を図りたいなら，利害関係者のための価値を創造すべきであ

る」。

戦略と戦略的思考：昔話

　戦略経営論という研究領域が開拓され，次のような功績も認められるようになった。すなわち，「企業はどこを目指すのか」，「企業が営む事業の本質は何か」，そして「どのようにして方針転換を図るべきか」という問題について，経営者が検討できるようになったのである。戦略経営論の萌芽期に立ち戻れば，企業の方針を策定する際には，長期間にわたって複雑なプロセスを踏まなければならなかった。数え切れないほどのステップを踏み，見栄え重視の精緻なフローチャートも作成された。資料の山が築かれたものの，しかし資料の大部分が日の目を見ることはなかった。方針の策定は，年度ごとの計画プロセスにおける最初の工程として位置付けられていた。結局のところ，方針の策定は，次年度に向けた目標管理を経て導き出された業務レベルの到達目標を展開したものになってしまっている。経営者の多くは，年度ごとの予算計上のプロセスがいかなる戦略とも切り離されている事実について今も不満を覚えている。いうなれば，予算編成のプロセスは，過去の複雑な戦略計画プロセスの遺物なのである。

　本書の中ですでにアウトラインを示した変化が実際に起これば，1970年代のGEの戦略計画に象徴されるような秩序整然として中央集権的なプロセスは，10億分の1秒刻みで変化し即時的な対応が求められる21世紀の環境にはもはや対処できない。大企業の多くは今もなお予算計上と財務のシステムの根幹部分に前近代的な体質を持ち続け，改善策を模索する余地さえない。過去25年間にわたって，戦略経営論は学問の領域と現場でダイナミックなフィールドへと進化してきた。しかし，戦略経営論には未だ2種類のアプローチしか存在しない。

　「戦略と，企業の目的・価値基準・倫理の関係は無きに等しい」とうそぶいたのは，戦略に通じたコンサルタントや経営学者だけではなく，彼らや彼女らの声に耳を傾ける経営者であった。こうした人々は，企業に強い影響を

与える外的な脅威と圧力を理解するための方法として戦略的思考を語る傾向にある。環境予測と業界分析を経て，戦略論者は，競合可能な好ましい市場や，誰もが見落としていたニッチ市場を探り当てた。以上の文脈で示したパラダイムの輪郭は，マイケル・ポーターの著書『競争の戦略』の中で1980年代に示されたものである。戦略論者は，「アウトサイド・イン」の視点で戦略的思考を語る傾向にある。言い換えれば，戦略論者は，いわば自分で筋書きしたストーリーに沿って経営資源と組織能力を割り振っていくのである。戦略論者は，次のように問い掛ける。(1)どのような性質の競争が業界内部で起きているのか。(2)顧客と納入業者の交渉力は何か。(3)代替可能な製品やサービスは何か。(4)新規の参入企業は出現するだろうか。(5)業界内部で経済的価値を生み出していくためには，どのようなステップを踏むべきか。(6)どのようにすれば自社は価値を付加できるのか。

戦略的思考の根底には，「様々な圧力を理解する」という基調が見られる。また，「様々な圧力に対して自己防衛的な措置を講じるか，さもなくば若干数の競合企業と競い合う場所を見付け出す」という基調も見られる。後者について，新規の参入企業が出現しそうな業界（もしかしたら利潤が高いために，業界が魅力的になっているのかもしれない）の内部で，既存の企業は，納入業者との間で排他的な長期契約を取り結んで自己防衛を図るかもしれない。そうすれば，新規の参入企業が新たな市場に足場を得ることは難しくなる。

利害関係者のなかでも，行政機関，NGO，自分たちが照準を合わせた企業に批判的な態度で近付く人，ならびにコミュニティーなどが与える影響はさして重要視されなかった。こうした利害関係者の影響が重要だと認識されていたら，利害関係者の圧力を見通して競争戦略が策定されていたかもしれない。

1994年，C・K・プラハラードとゲイリー・ハメルは，『未来志向の競争（邦訳題名：コア・コンピタンス経営――未来への競争戦略――）』という題名で戦略的思考についての文献を出版している。同書は，キヤノン，ホン

ダ，チャールズ・シュワブ，ならびに CNN に目を向けている。同書によれば，いずれの企業にも競争上の圧倒的な優位性が認められるにもかかわらず，異なる方法で事を進めてきているという。こうした企業は，何かを成し遂げるために設立され，何かを成し遂げるために事業を営んでいる。それゆえ，大胆不敵な行動に打って出ることもあった。一例を挙げれば，かつて劣勢にあったキヤノンは，当時優勢にあったゼロックスを真正面に見据えて「打倒ゼロックス」を宣言した。端的にいえば，「インサイド・アウト」の視点で戦略を捉えていたのである。「インサイド・アウト」の視点で戦略を捉える企業は，ハメルとプラハラードの用法に従えば，「戦略的意図（ストラテジック・インテント）」と呼ばれる意図を公式化している。すなわち，自社の現有の経営資源では達成困難な目標を「戦略的意図」に沿って立て（＝ストレッチ戦略［訳者注］），その過程で生じたギャップを埋めるために自社の現有の経営資源を梃入れするのである（＝レバレッジ戦略［訳者注］）。ここで留意すべきは，先に挙げた複数の企業が，「戦略的意図」を具体化するために必要な経営資源を全く配分していないという点である。ハメルとプラハラードによれば，経営者は，背伸びしなければならない。すなわち，経営者は，理想と現実のギャップを認識しながらも，組織それ自体に強く働きかけ，現実に即した新たな方法を編み出していかなければならないのである。

　上記のアプローチが求められる状況下で発せられる質問の内容は様々である。(1)私たちは何になりたいのか。(2)そのために必要な知識を私たちは持ち合わせているのか。(3)理想と現実が適合していない状況をどのようにして意図的に作り出していくのか。(4)理想を実現するために，私たちはどのようにして組織能力と経営資源に梃入れするのか。(5)革新と変化を促す事象に対して，私たちはどのような手を打てばよいのか。

　第1番目の質問は，理想に関わる質問であり，価値基準に踏み込む要素を暗黙裡に持っている。しかし，プラハラードとハメルが発した第1番目の質問について，回答は何も示されていない。彼らは，「戦略的意図」について，「他の競合企業を打ち負かす」や「No.1 の地位を獲得する」など，競争を前

提とした表現を多用する傾向にある。彼らは，利害関係者の存在，価値基準，あるいは倫理について言及することはなく，たとえ言及していたとしても端役以下の扱いである。

　戦略に関する方法や考え方も，株主を中心に置く経営者モデルを暗黙の前提としている。こうした傾向は，「インサイド・イン」のアプローチで顕著に見られるだけではなく，「アウトサイド・イン」のアプローチにも少なからず見られる。重要なことは，いずれのアプローチも価値基準についてはほとんど言及していないという点である。価値基準が前面に出てくるのは，「アウトサイド・イン」のアプローチにおいてである。なぜなら，企業サイドとは相容れない要求を持つ外部的な利害関係者が存在するからである。時として外部的な利害関係者は企業に照準を定め，異議を申し立て，不買運動を組織し，敵対行動をとることがある。また，特定の企業に規制の網を被せるために政府に働き掛けることもある。「アウトサイド・イン」のタイプの企業には，株主に焦点を絞り込む傾向と，株主以外の利害関係者の存在を排除する傾向が見られる。また，外部の世界に焦点を絞っているものの，従業員が願い出ることに目も向けない傾向も見られる。いずれの場合であっても，利害関係者の存在は由々しき問題とみなされている。

　「インサイド・アウト」のアプローチは，戦略意思決定の中で価値基準や目的が果たしている役割を比較的容易に説明している。「インサイド・アウト」のアプローチは，「私たちは何を欲しているのか」という願望を起点としている。これこそが価値観の問題である。したがって，先の質問に対して，「株主価値の最大化」と答えても問題はない。「アウトサイド・イン」のアプローチについて，私たちは「株主価値の最大化」と答えるほかに道はない。もっとも「インサイド・アウト」のアプローチに関連して，戦略は，「私たちは何を欲しているのか」，そして「どのような経緯で私たちはそのように考えるようになったのか」という質問を源泉としている。もし外部の世界と企業の利害関係者の双方の同意を得ることができなければ，私たちは，外部の世界と企業の利害関係者と手を取り合って変化を起こすべきであろ

う。製品と市場に目を向ければ、既存の体勢に身を委ねた状態で適応することもできる。到達点・目的・価値基準に目を向ければ、世界を変えることもできる。

「アウトサイド・イン」のアプローチと「インサイド・アウト」のアプローチの双方で最良のものを捕捉したアプローチが今、求められている。こうした統合型のアプローチには、「株主を中心に置く経営者モデルは、グローバル化した21世紀のビジネスの世界にもはや適さない」という事実を盛り込むべきである。また、広範囲の利害関係者が重要な位置を占めているという事実と、価値基準と倫理の重要性についても織り込んでいかなければならない。と同時に、企業が提供可能な価値の核心部分には広範囲の利害関係者の存在、価値基準、ならびに倫理を据え置く必要もある。以上の内容について、本書は、「エンタープライズ戦略」、「エンタープライズ・レベルの価値基準と倫理」、「ビジネスとエンタープライズ・アプローチ」と題して論じていく。節の題目は多岐にわたる。しかし各節は一点に収束する。なぜなら、私たちは、「ビジネスと倫理・価値基準を切り離すべきではない」と信じて疑わないからである。

エンタープライズ戦略

エンタープライズ戦略の内容は以下4項目の要素から構成され、いずれも相互に関連し合っている。エンタープライズ戦略の内容は、(1)目的と価値基準、(2)利害関係者と原則、(3)社会的背景と責任、(4)倫理的リーダーシップ（図4.1参照）である。(1)から(3)については、以下で説明していく。なお、(4)倫理的リーダーシップについては、本書の第6章で説明する。

エンタープライズ戦略：目的と価値基準

「使命（ミッション）・ビジョン・価値基準・原則（行動指針）が何を意味するのか」については、多くの企業で様々な内容の議論が長期間にわたって

図4.1. エンタープライズ戦略

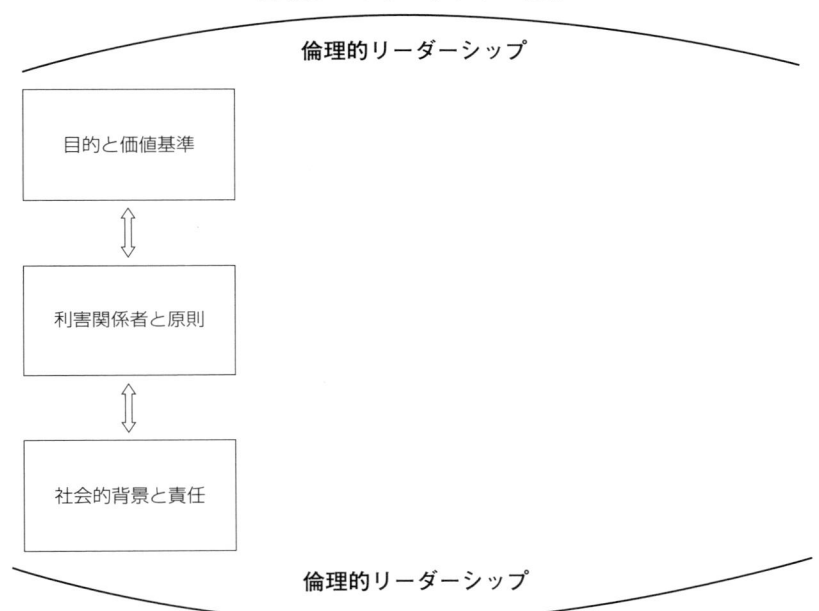

倫理的リーダーシップ

目的と価値基準
⇕
利害関係者と原則
⇕
社会的背景と責任

倫理的リーダーシップ

重ねられてきている。個別企業においても，それに固有の文化や歴史に即した適切な言葉使いを決めているに違いない。私たちの見解では，いずれも目的や価値観に類する言語である。原点に立ち返ってみれば，目的や価値観について問うことは，ただ単に「なぜ」，「なぜ私たちは自分たちが決めたことを実行しなければならないのか」，「なぜ私たちはそうしたがるのか」，そして「私たちは何に拠って立つべきか」を問うことに通じる。「なぜ」という質問の形式は，相手方の根底に横たわる価値観を表層に引き出すことができる。先に挙げた一連の質問は，次のようなことを経営者に教えてくれる。経営者は，「価値基準」，「利害関係者」，ならびに「自分たちは後世に何を残したいのか」について慎重に考えなければならない。

　価値基準については，企業の規模や形態を問わず常に話題に上る。企業戦略に関連した価値基準には差異がほとんどなく，それを種類によって分けることも容易ではない。たとえば，美的価値は，「何が美しく」，そして「何が

優れたアートか」を問う。社会的価値は,「どのような類の制度が有効で正当か」を問う。宗教的価値は,人知を超越した力（＝ハイヤー・パワーの意［訳者注］）が説く信条の有用性を問う。道徳的価値は,人間相互間の行為の善悪を問う。一切の物事には価値が存在する。普通の林檎を良い林檎とみなすのも価値観である。戦略計画を有効な戦略計画とみなすのも価値観である。経営意思決定を優れた経営意思決定とみなすのも価値観である。いかなる物事に価値を認めるかについては,価値を内在的価値と手段的価値という種類によって分ける必要がある。

　内在的価値は価値の基部を構成している。内在的価値の存在が認められる事象は,それ自体が善であり,それ以外の何物でもない。内在的価値については,それ自体の意味と価値を目的として追求することもできる。内在的価値の内容に矛盾が生じることがない限り,私たちは内在的価値について妥協することもない。人知を超越した力が説く信条に,多くの人々は内在的価値の存在を認める。その一方で,行動の自由に内在的価値を認める人もいる。また,ピカソの絵画に内在的価値を認める人もいる。自分自身の幸福の最大化に内在的価値を認める人もいれば,家族全体の幸福の最大化に内在的価値を認める人もいる。見方を変えてみれば,内在的価値は,人間が送る人生と,そのために必要な目的の基底的な部分を言い表しているといえよう。とすれば,内在的価値は,「なぜ」という質問に私たち人間が出しうる最終的な回答にほかならない。

　もし私が「なぜ,あなたはこの本を読み始めたのか」と問えば,あなたは「私は今よりも有能な経営者になりたいからである」と答えるかもしれない。もし私が「なぜ,あなたは有能な経営者になりたいのか」と問えば,あなたは「昇進したいから」と答えるかもしれない。それを受けて,私が「なぜ,あなたは昇進に重きを置くのか」と問えば,あなたは「自分の家族の暮し向きを良くするためである」と答えるかもしれない。このように,「なぜ」という質問は,目的を問うことでもある。内在的価値についていえば,あなたが信じる事象は,何らかの目的に対する手段としての善というよりもむしろ

それ自体が善なのである。

　手段的価値は，内在的価値を実現するための手段である。手段的価値は人間を内在的価値の存在が認められる事象・行為・心の状態へと導く。人間の信条に人知を超越した力までも与える宗教上の儀式や礼拝は手段的価値に属している。行動の自由に手段的価値を認める人々は，行動の自由を保障する憲法に手段的価値の存在を認める。美的価値を創造し表現するための工程は，それが芸術作品を創り出す限りにおいて手段的価値がある。労働それ自体は，それが幸福の最大化または自己実現を可能にする限りにおいて手段的価値がある。いずれの活動もそれ自体に価値や意義はない。しかし，いずれの活動についても，それが内在的価値の実現に貢献する限りにおいて価値がある。

　価値観は，個人の性質の問題でもある。人は，自分の子供に対して，尊敬，誠実さ，責任，あるいは他人への思いやりなど，様々な価値観を教え込もうとする。歳月を費やして人は自分の子供の行動様式を型に入れて作り上げ，来るべき事態に備える。このようにして形成される価値観は，それ自体が善であり，よい結果をもたらす。個人の性質について問うべきは，「どのようなタイプの人になりたいのか」であろう。人は，自分の行動の結果についてだけではなく，「どのように生きていきたいのか」についても考慮しなければならない。

　以上の文脈で示した価値観をビジネスの世界に適用する際には，以下の質問についても検討すべきであろう。以下に挙げる質問に序列はなく，いずれも等しく重要である。第1の質問について，「仲間内で共有可能な価値基準（カンパニー・バリューズ）」は，「何が仲間内で本当に重要なのか」を明文化している。たとえば，ABC社の価値基準が顧客に焦点を絞っているとしよう。この場合，ABC社の内部での意思決定や会話の場面で，関係者の心の中には顧客の存在が浮かび上がってくる。こうした一連の作用は，「なぜABC社がそのような行動に出たのか」という質問に対しても回答を出してくれる。ビジネスに適用される価値基準は，重要度が低い事柄についても明

確に言及している。先に例示した ABC 社の価値基準の内容に従えば，顧客が自分の購入履歴を容易には確認できないような仕様で設計・構築されたビリングシステム（＝電子化された利用明細確認サービスの意［訳者注］）の欠陥については，ABC 社で再検討する必要がある。価値基準は，人に職務遂行上の権限を付与し，人の行動に制限を課す。価値基準は，「どのように行動すべきか」あるいは「どのような行動が禁じられているのか」について当事者が確信を持てない時に出す切り札にも似ている。

　会社の価値基準（コーポレート・バリューズ）は，会社それ自体の性格の類へと進化を遂げている。なぜなら，会社の価値基準は，「私たちはどのように生きたいのか」，そして「私たちは何を拠り所としているのか」について言及しているからである。会社の価値基準の内容は，ビジネス上の価値基準（例，顧客に焦点を絞ること，チームワークなど）と，倫理的・道徳的な価値基準（例，尊敬，誠実さなど）に区分されることもある。こうした区別は，価値基準を駆動装置に据えた世界では単なる技巧にすぎない。顧客に焦点を絞ることは，ビジネスとの関連で意味を持つ。顧客に焦点を絞ることは，顧客との約束を守ることに通じる。約束を守ることは，道徳性や倫理だけではなくビジネスにも通じる。同様に，他人に尊敬を払うことは，マイナス材料を含む評価を相手方に届けることを意味し，迅速な意思決定へと導く。もし私たちの仲間が自分たちの価値基準について真摯に取り組めば，価値基準の内容がビジネスとの関連で意味を持ち，倫理との関連でも意味を持つ。

　価値基準に基づく経営には「柔で頼りない」という神話がついて回る。価値基準についても同様である。どちらも真実をついている。私たちが，自分の子供と価値基準について交わす会話を思い起こしてみても明らかであろう。子供の才気は鋭く尖っている。深刻な状況に陥ったときに，価値基準について検討すべきは，その場を丸く収めることではなく，「何が私たちにとって本当に重要なのか」についてである。これはこれで容易ではない。なぜなら，価値基準の内容が相容れないからである。たとえ顧客に焦点を絞り，

顧客に積極的に関与したとしても，持続的なイノベーションと相容れることなく，尊敬が得られるとも限らない。標準的な業務プロセスは，特定の価値を実現したとしても，それ以外の価値を実現できるとは限らない。こうした状況を打破するためには，企業の目的や価値基準について社内で話し合う必要がある。ここで，企業の目的や価値基準は，社内で有効に機能している状態であって，かつ断片化していない状態が望ましい。

「私たちは何に拠って立つべきか」について考えることは，「私たちはどのようにして利害関係者の役に立つのか」について問うことでもある。「私たちは，利害関係者のためにどのような価値を創造するのか」，そして「利害関係者が私たちとの取引に応じた理由は何か」という内容の質問に対する回答と基本的な価値の提案を結び付けることは，エンタープライズ・アプローチの中でも重要な位置を占めている。私たちが達成すべき目標と，そのために私たちが採るべき方法は，利害関係者の権益と調和していなければならない。言い換えれば，エンタープライズ戦略は，「インサイド・アウト」の発想と「アウトサイド・イン」の発想を混ぜ合わせたものでなければならない。先に挙げた質問に対する回答の仕方は様々である。私たちの仲間たちは，単一の利害関係者に焦点を絞ることもあれば，複数の利害関係者に焦点を向けることもある。また，会社の価値基準は，それに権益を有する様々な利害関係者の輪郭を描き上げるほどに充実していることもある。エンタープライズ戦略に彩りを添える要素については，本章の後段で言及する。

最後に，経営者は，「自分が何を後世に残したいのか」について考えなければならない。経営者は，自分に付き従ってきた人々に対して，どのような会社を残すことができるのであろうか。現代社会で事業を営む企業のエネルギーは，昨今の様々な圧力を前にして，現状維持を主な目的として振り分けられている。ボブ・カリングウッドのようなタイプの経営者は，「自分の後に続く人々に何を残すのか」について，どのように考えているのであろうか。自分たちが受け継いだものについて思慮を巡らせるのは，人間に固有で自然な欲求である。「仲間を窮地に追い込んだ厄介者」というレッテルを貼

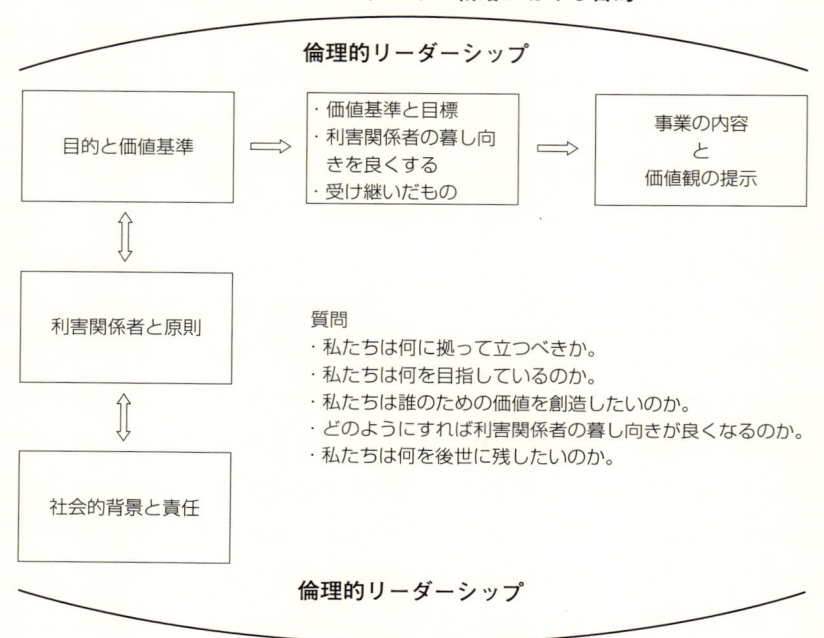

図4.2. エンタープライズ戦略における目的

```
                         倫理的リーダーシップ

   ┌──────────┐      ・価値基準と目標         ┌──────────┐
   │ 目的と価値基準 │ ⇒   ・利害関係者の暮し向  ⇒  │ 事業の内容   │
   └──────────┘       きを良くする          │    と    │
          ⇕          ・受け継いだもの         │ 価値観の提示 │
                                         └──────────┘
   ┌──────────┐
   │利害関係者と原則│    質問
   └──────────┘    ・私たちは何に拠って立つべきか。
          ⇕         ・私たちは何を目指しているのか。
                    ・私たちは誰のための価値を創造したいのか。
   ┌──────────┐    ・どのようにすれば利害関係者の暮し向きが良くなるのか。
   │社会的背景と責任│    ・私たちは何を後世に残したいのか。
   └──────────┘

                         倫理的リーダーシップ
```

られたままに人々の記憶の中に生きることを望む人は誰一人としていない。CEO についても，業績も無く任期を全うした後に御祓箱になってしまう不名誉な CEO という状況だけは避けなければならない。こうした事態を避けるために，経営者は，自分の意思決定が様々な利害関係者に与える影響の度合について絶えず考えなければならない。もっとも未来に確信は持てない。しかし，私たちの価値基準には確信が持てる。価値基準に基づく経営は，「経営者が後世に何を残したいのか」を定義することでもある。かつて私は，巨大多国籍企業の CEO から次のように問い掛けられたことがある。「私が自分で築き上げた企業と組織を優れた状態で後世に継ぐために，私は何をなすべきか」。これについても私たちは考えなければならない。

　企業が社会の信用を失いつつある当今の世の中で，価値基準，利害関係者，そして事業継承の問題に懐疑的な眼差しを向ける人の数も増えている。

株主を中心に置く経営者モデルの核心部分に私たちが手を加えたモデルさえも，企業の目的や企業の価値基準に懐疑的な眼差しを向ける人々の目に入ることはないであろう。こうしたモデルで利害関係者の存在が当てにされることはなく，事業継承の問題についても次の四半期を越えて人々の話題に上ることはない。エンロンには，尊敬（respect）・誠実さ（integrity）・コミュニケーション（communication）・卓越した優秀さ（excellence）のアルファベットの頭文字から構成された"RICE"を声高に主張した「価値記述書（バリュー・ステートメント）」が存在した。エンロンの価値基準は，カードに印刷され，ビデオの映像でも使われていた。エンロンが作成したビデオのなかで，同社の上席副社長は，エンロンの価値基準が持つ重要性について熱弁を振るっていた。そのすべてが見せ掛けだけの作りものであった。同社の会計的側面のすべてについていえば，先に挙げたエンロンの価値基準はエンロンの日常に浸透していなかったのである。エンロンの価値基準は，一方でエンロンが利害関係者の権益を考慮していると相手方を信じ込ませながら，しかし他方で経営者が大掛りな利殖に励むために重ねられた不誠実な努力の帰結にすぎなかったようにも思われる。たとえ仲間内で共有可能な価値基準や目的について言及していたとしても，それが誤って適用される可能性もある。こうした事実は，「仲間内で共有可能な価値基準や目的について考えるべきではない」ということを理由付けるものではなく，「私たちは（仲間内で共有可能な価値基準や目的について）慎重かつ懐疑的な態度で臨むべきである」ということを理由付けるものである。

　本書の視点は楽観的である。しかし先に挙げた事態については，それを由々しき事態として受け止めていることもまた事実である。価値基準は思慮深いビジネスに通じる。従業員は，上席レベルの執行役員が思慮深いか否かを見分けることができる。また，従業員は，自分たちが不誠実な態度で振舞えば，すべての利害関係者に提供可能な価値を無に帰してしまうことも知っている。小売業者XYZ社は，価値基準の内容を明文化していただけではなく，店舗の安全性についても定期的に議論を交わしていた。XYZ社の経営

者は，店舗の安全性が，顧客・従業員・コミュニティー・自分たちが照準を合わせた企業に批判的な態度で近付く人だけではなく株主にも影響を与えることを理解していた。安全性こそがXYZ社の唯一の価値であり，XYZ社の従業員の姿勢を測る物差しであった。XYZ社における安全性は，カードに印刷されたスローガンではなかった。

エンタープライズ戦略の段階で問われる企業の目的と企業の価値基準は，それ自体の内在的価値を明確にすること，それ自体の存在理由を明確にすること，それ自体が企業組織の構成員に与えるインスピレーションを明確にすることなどを求めている。これまでに示した見方を要約してみれば，次のような質問を立てることができる。(1)私たちは何に拠って立つべきか。(2)私たちは何を目指しているのか。(3)私たちは誰のための価値を創造したいのか。(4)どのようにすれば利害関係者の暮し向きが良くなるのか。(5)私たちは何を後世に残したいのか。

エンタープライズ戦略：利害関係者と原則

先に挙げた質問について，ウォルマートは，「毎日が低価格」というスローガンを掲げて答えている。こうしたスローガンにも内在的価値が少なからず含まれ，目指すべき方向性も埋め込まれている。サム・ウォルトンが抱いた夢は，低所得者層や平均的な所得層が様々な製品やサービスを手にすることであった。彼の夢は現在のウォルマートにも息づいている。ウォルマートが彼の夢を軸に事業を展開していると仮定すれば，同社の経営者は，「どのようなタイプの利害関係者が最も重要なのか」（私たちは誰のための価値を創造したいのか），そして「どのようにして利害関係者に満足感を与えるのか」（どのようにすれば利害関係者の暮し向きが良くなるのか）について明確にしておくべきである。ウォルマートの流儀に従えば，顧客が欲しい商品を，顧客が欲した時間に安い価格で仕入れることは，顧客の暮し向きを良くすることになる。ほとんど明かされることはないものの，ウォルマートには，納入業者に対して膨大な量の取引の機会を提供する能力が備わっている

だけではなく，最先端のロジスティックスとサプライ・チェーン・マネジメントのシステムを構築する能力も備わっている。そのどれをとっても顧客の暮し向きを良くするうえで有効である。ウォルマートでは，伝統的に，従業員に対して自社株購入の機会や財形貯蓄のシステムなどを提供してきている。ウォルマートで運搬を担っていた人の多くが巨万の富を築いたのも事実である。

　明確な目的と，その根底にある価値基準を掲げるだけでは十分ではない。目的に関わる質問に回答を出すことは，「なぜ利害関係者が私たちとの取引に応じたのか」という理由を論理的に説明することでもある。そのうえで，「なぜ利害関係者は自社を支援し続けてくれるのか」を理由付ける必要がある。こうした質問について，多くの企業は，「どのようにして特定の利害関係者との関係を統率したいのか」という内容の回答を示している。

　アボット・ラボラトリーズには，「誰が重要な利害関係者なのか」について明確な方針がある。同社は，利害関係者が抱える問題のすべてを解決できないことを認識している。しかし同社は，「様々な権益や責務の調整を図るためにたゆみない努力を重ねているだけではなく，自社の製品・専門知識・影響力が社会問題の解決と人々の生活環境の改善に寄与することを目的として様々な機会を提供している」[1]。こうした文言は，明文化された方針または原則のレベルにまで昇華され，納入業者との取引関係を規定している。

　アボット・ラボラトリーズは，自社の納入業者を「アボット・ラボラトリーズ全体の成功に必要にして不可分の存在」とみなしている。同社は，自社の納入業者と協同一致して，同社の業務に関連したすべての規則と法律の文言を遵守すること，雇用の分野における機会均等を促進すること，「グローバル・シチズンシップにおいて積極的な役割を果たし，現在の世界を住みやすい場所にすること」において積極的な役割を果たすことを自社の納入業者にも要求している。

　端的に言えば，アボット・ラボラトリーズは，以下の質問を問い掛けている。(1)どのようにしてアボットは利害関係者との互恵的な関係を管理し統

図4.3. エンタープライズ戦略における利害関係者と原則

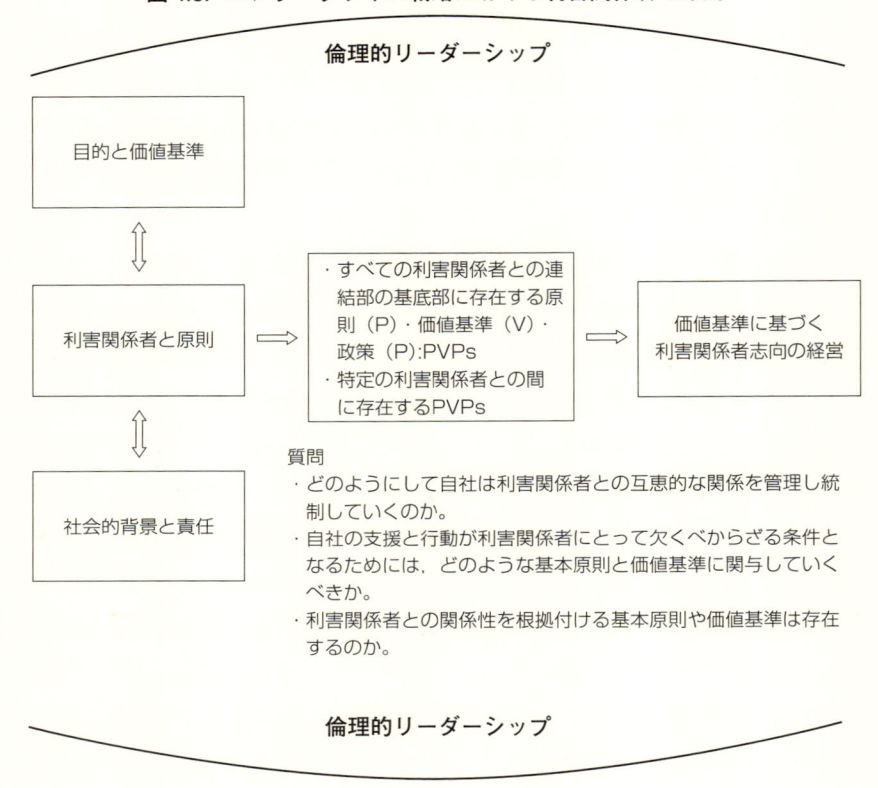

倫理的リーダーシップ

- 目的と価値基準
- 利害関係者と原則
- 社会的背景と責任

→
- すべての利害関係者との連結部の基底部に存在する原則(P)・価値基準(V)・政策(P):PVPs
- 特定の利害関係者との間に存在するPVPs

⇒ 価値基準に基づく利害関係者志向の経営

質問
- どのようにして自社は利害関係者との互恵的な関係を管理し統制していくのか。
- 自社の支援と行動が利害関係者にとって欠くべからざる条件となるためには、どのような基本原則と価値基準に関与していくべきか。
- 利害関係者との関係性を根拠付ける基本原則や価値基準は存在するのか。

倫理的リーダーシップ

制していくのか。(2)アボットの支援と行動が利害関係者にとって欠くべからざる条件となるためには、どのような原則と価値基準に関与していくべきか。(3)利害関係者との関係性を根拠付ける原則や価値基準は存在するのか。

アーウィン・ファイナンシャルのケースについて知る人は少ない。同社は、先に挙げた理念を統合した「指導原理」を掲げている。アーウィンは、企業の目的について、次のように記している。「(アーウィンの目的は [訳者補足]) すべての利害関係者のために最高の価値を創造することにある。そのために、アーウィンは、サービスを最優先課題とし、相手が望む態度で相手に接し、長期的な視野に立ち、最高次元の基準値を設定し追求する」[2]。同社

は，顧客，従業員，株主，納入業者，コミュニティー，ならびに社会全般が主要な利害関係者であると明言している。たとえ取締役会議長といえども，アーウィンの業務に従事しているすべての人には，新規採用の段階から業務上の意思決定の段階にいたるすべての行動で，「指導原理」を理解し，「指導原理」と共に生きていくことが求められている。

エンタープライズ戦略：社会的背景と責任

　たとえ企業の目的（および企業の価値基準）と利害関係者（および原則）を明らかにし認識したとしても，グローバル化した21世紀の事業環境においては十分ではない。最近の出来事は，「私たちが何を見失ったか」を如実に物語っている。

　ウォルマートは，経営管理の最前線を切り拓き，長年にわたって賞賛に浴してきた。しかし最近になって，ウォルマートは，同社に批判的な態度で近付く人々の攻撃の的となっている。ウォルマート流の雇用慣行や，ウォルマートがコミュニティーに与えた影響などに疑問の眼差しが向けられるようになったのである。ウォルマートは，賃金不払いの問題で罪に問われただけではなく，従業員が得てしかるべき福利厚生事業を実施することなく，挙句の果てには女性を差別的に処遇していた咎で罪に問われたのである。また，ウォルマートと納入業者（例，店舗の清掃業者）の関係や，不法移民の就労問題も非難を浴び，ウォルマート固有の業務慣行（例，従業員を店舗内に閉じ込めるような業務慣行）も非難を浴びた。さらに，ウォルマートは，それが出店した地域の商業圏を崩壊した点でも非難を浴びた。こうした地域にはかつて小規模零細の小売業者やチェーン店が軒を連ねていた。しかし今となっては，いわゆる「シャッターストリート」と化してしまっている。市街地とそれに隣接した地域の人々の大多数は，自分達が住む地域でのウォルマートの出店を拒否するために，「大規模店舗出店の禁止に関する法案」を検討し，議会に申し入れてきている。

　ウォルマートの対応についていえば，ウォルマートの店舗で定期的に買い

物をする数百万人の客と，ウォルマートで幸せに働く数千人の従業員が，同社の流儀を有効と判断したと発表している。最近になって，ウォルマート本社は，従来よりも事前予測的な措置をとるようになった。同社は，コミュニティー関連の事業費，企業責任，環境責任の事業費を倍増しただけではなく，ウォルマートの店舗を女性の顧客と従業員に優しい場所にするためのプログラムに着手し始めている。

世界規模で事業を展開する現代の企業は，社会が自分たちを高く評価し是認してくれる方向に舵を切るべきか否かの岐路に立たされている。たとえ社会全体がウォルマートの流儀を是認したとしても，ウォルマートが果たして利害関係者のための価値を提供し続けることができるか否かについての鍵は実質的にはマイノリティが握っている。ウォルマートは,「利害関係者責任」のプログラムを実施してしかるべきである。そうすることによって，ウォルマートと社会的背景が同調し，不協和音を奏でる業務プロセスの部分についても制御できる。

「利害関係者責任」のプログラムの有用性について考えるうえで，タバコ産業は，有効な史実を私たちに提供してくれる。タバコ会社の経営陣の信条に従えば,「喫煙の自由」は重大な自由を象徴している。それゆえ，経営陣は，タバコ会社の利害関係者の暮し向きを良くするという内容の価値を掲げ，タバコ会社と利害関係者間の関係を管理・制御するための原則も明文化した。おそらく経営陣は，社会的背景がタバコ会社に対して否定的な路線を歩みつつあることを認識していたにちがいない。こうした事態の収拾を図るために，経営陣は，責任プログラムを編成したのである。もっともタバコ会社が編成した責任プログラムに「経営の徹底した透明性」と「利害関係者との対話」以外の項目が組み込まれていたら，タバコ会社の経営陣は事を成し遂げることはできなかったであろう。

利害関係者との意見交換や利害関係者との共創などに代表される「利害関係者責任」のプログラムが純然たる意味で双方向のコミュニケーションを図っていなければ，事態はさらに悪化するであろう。社会的背景が私たちに冷

たい視線を浴びせるようになると，今まで味方であった人からの信用までも失う。このようにして失われた信用を再び得るために人が採るべき最優先にして最重要の道筋は，本節で取り上げたエンタープライズ戦略の各要素（＝目的と価値基準，利害関係者と原則，社会的背景と責任［訳者注］）でエンタープライズ戦略が機能するように働きかけることである。

　エンタープライズ戦略における社会的背景と責任については，以下の質問に対する回答より明らかとなる。(1)自社に異議を申し立ててくるのは誰か。(2)自社の目的や原則の在り方について，自社に異議を申し立てる人との間で対話を交わせるような公開の場は存在するのか。(3)社会で今，話題に上っている課題事項の中で，経営者が望む10年後の自社の姿に影響を与えうる課題事項は何か。(4)私たちの仲間に異議を申し立てる利害関係者（または以前は経営者が利害関係者とさえ認識していなかった利害関係者）と相互に影響し合うために，経営者は，どのような内容の責務を果たし，どのような原則を策定し，どのようなガバナンスのメカニズムを採用すべきか。

エンタープライズ戦略に彩りを添える3要素

　以上の文脈で示した断片的な分析を統合してエンタープライズ・レベルの戦略に落とし込むために経営者がとるべき方法は多岐にわたる。エンタープライズ・レベルの戦略において，企業の目的・利害関係者・社会的課題事項という要素のすべてが重要な部分を構成している。しかし各要素の配分の比率は様々である。私たちの経験に即していえば，各要素の配分の比率を明らかにした方が得策であり，現時点での立ち位置と未達成の部分についてリアルタイムに会話を交わした方が得策である。本書は，エンタープライズ戦略を3種類に分けている。いずれの戦略も，様々な状況の下で個別企業が実際にとった対応や行動から導き出されたものである。したがって，いずれの戦略も，「私たちは何に拠って立つべきか」という質問に大枠を示しているものの，しかし利害関係者の関心事・価値観・社会的課題事項が持つ相対的な

図4.4. エンタープライズ戦略における社会的背景と責任

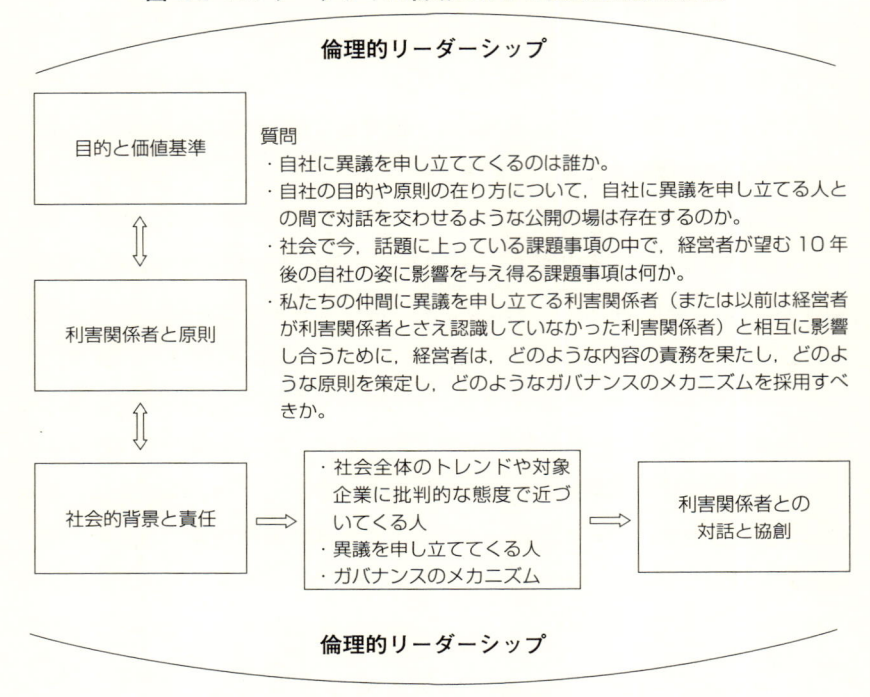

倫理的リーダーシップ

目的と価値基準

質問
・自社に異議を申し立ててくるのは誰か。
・自社の目的や原則の在り方について，自社に異議を申し立てる人との間で対話を交わせるような公開の場は存在するのか。
・社会で今，話題に上っている課題事項の中で，経営者が望む10年後の自社の姿に影響を与え得る課題事項は何か。
・私たちの仲間に異議を申し立てる利害関係者（または以前は経営者が利害関係者とさえ認識していなかった利害関係者）と相互に影響し合うために，経営者は，どのような内容の責務を果たし，どのような原則を策定し，どのようなガバナンスのメカニズムを採用すべきか。

利害関係者と原則

社会的背景と責任 ⇒ ・社会全体のトレンドや対象企業に批判的な態度で近づいてくる人
・異議を申し立ててくる人
・ガバナンスのメカニズム ⇒ 利害関係者との対話と協創

倫理的リーダーシップ

重要性の度合についてはトレードオフの関係にある。

　端的に言えば，エンタープライズ戦略の種類は，(1)個別限定的な利害関係者アプローチ，(2)多面的利害関係者アプローチ，(3)大義名分を立てたアプローチに分類できる。たしかに上記のアプローチ以外のアプローチも存在する。上記に示した種類は，エンタープライズ戦略に様々なアプローチが存在することを読者に伝えるために挙げた部分にすぎない。私たちは，次のように確信している。「21世紀の企業を成功へと導き，かつ倫理的なビジネスを可能とする道筋は様々に切り拓かれてきている。そして今も，新たな道筋が日々生み出されている」。

個別限定的な利害関係者アプローチ

　私たちは何に拠って立つべきなのであろうか。こうした質問に対する回答の例は，「私たちの仲間の努力は，個別限定的な利害関係者の群の一部の要求を満たす方向に振り向けて集中すべきである」というものや，「私たちの仲間の努力は，特殊限定的な利害関係者の群の中でも若干数の利害関係者の要求を満たす方向に振り向けて集中すべきである」というものである。たとえば，顧客サービスと従業員の福利厚生を基本的な価値として掲げる組織についていえば，当該組織がなすことのすべては先に挙げた基本的な価値を実現することに振り向けられる。したがって，当該組織は，顧客と従業員の福利の改善を代位していることになる。この場合，数多くの利害関係者の中でも2種類の利害関係者しか登場していない。このような類の企業戦略には，「個別限定的な利害関係者戦略」という名前が付けられている。同様の戦略について，企業は，限られた範囲の利害関係者の存在を視野に入れて自社の便益の極大化を図っている。

　エンタープライズ戦略について述べたP&Gの声明書の焦点は顧客に絞られている。顧客との関係が上手く運べば，P&Gの従業員・地域社会・株主も栄えると信じられている。たしかにP&Gの声明書には複数の利害関係者が登場している。しかしP&Gの実際の行動と声明書の内容に照らして，顧客が唯一の最も重要な利害関係者であり，P&Gの成功の鍵を握っている。このことは，P&Gと顧客の関係と，ウォルマートと納入業者の関係と比較しても，皮肉といわざるを得ない。

　歴史的に見て，コンピュータ業界に属する企業は，顧客や従業員と包括的な提携を結ぶことがある。このような性格の企業は，個別限定的な利害関係者戦略がどのように機能しているかを説明する際に有効である。顧客との関係性と従業員の処遇について，ヒューレット・パッカード（HP）とIBMの存在はもはや伝説の域にまで達している。顧客に価値を創造し，従業員にやりがいと成長の機会を与える仕事を提供することは，それ自体がHPとIBMの目的であるかのように映る。しかし，業界に変化が生じれば，極め

て限られた範囲の利害関係者に企業の注意力を集中することは問題視される。納入業者にすぎなかったマイクロソフトやインテルが勢力を増して業界における主導権を握ることとなった顚末は今となっては周知の事実である。顧客・従業員との間に極めて良好な関係を構築して初めて業界全体も成功を見る。しかし他方で，以下のような事実にも留意すべきである。すなわち，個別限定的な利害関係者に対してエンタープライズ・レベルで接近して依存していけば，個別限定的な利害関係者以外の利害関係者との関係の変化に隙を見せることになり，ひいては業界全体のトレンドに追随できなくなってしまう可能性も否定できない。

　本書の第2章で概略を示した変化を引き合いに出すまでもなく，個別限定的な利害関係者戦略もまた，それが打ち捨てたはずの株主を中心に置く経営者モデルや「株主価値の最大化」のマントラを唱える人々の返り討ちに遭うであろう。こうしたアプローチに付き従う人々が，強固に踏み固められた道筋を価値創造型の発想法に譲ることはない。とすれば，個別限定的な利害関係者戦略は，企業の目的に関わる質問に対して有効な回答を示しているとはいえない。

　株主価値の創造には内在的価値の存在が認められる。株主価値の創造が内在的価値に通じる理由は，株主価値の創造それ自体に価値の存在が認められるからである。人によっては，「経営者は，株主のために行動するという倫理的責務を負っている」と信じ込んでいる。こうした考え方は，「親が自分の子供の世話をする」という考え方に通じる要素を持っている。しかし，たとえ経営者が株主に対して倫理的責務を負ったとしても，株主価値が最大化するとは限らない。あまねく知れ渡った倫理に従えば，たとえ自分の子供のためとはいえ，他人の子供を犠牲にして行動する人は道徳的に間違っている。控え目に言っても，株主価値の最大化については，それが他人（利害関係者）に与える様々な影響を考慮してしかるべきであろう。もっとも株主の利益に基づく行動は極めて容易に正当化できる。「株主価値」という名目さえ付ければ，株主の利益に基づく行動が他人に与える影響を無視することも

また極めて容易に正当化できる。もしかしたら，あなたは，株主価値に内在的価値の存在を認めているかもしれない。また，あなたは，株主価値の実際的な有用性について確信を抱いているかもしれない。このように考える人は，利害関係者のために価値が創造される道筋に目を向けるべきである。端的に言えば，あなたは，「どのようにすれば我が社は各利害関係者の暮し向きを良くできるのか」という内容で企業の基本的な目的にも関わる質問に対して何らかの回答を出さなければならない。

　株主戦略の展開形となるタイプの戦略は「資金調達に重点を置く利害関係者戦略」とも呼ばれる。このタイプの戦略は，企業に対して資金面で利害関係を有する利害関係者の群の利益を満たすことに軸足を置くか，あるいは企業に対して資金面で利害関係を有する利害関係者に重大な影響を与えうる利害関係者の群の利益を満たすことに軸足を置く。それゆえ，経営者はおのずと株主・銀行（商業銀行と投資銀行）・様々な債権者・投資アナリストなどに照準を定めて行動するようになる。この場合，経営者の価値基準において，企業に対する資金面での利害関係の有無がそれ以外のいかなる利益にも増して重要視されるようになる。経営者の認識に従えば，企業に資本を投下して自分自身もリスクに晒した人々にも所有権（＝会社の所有権［訳者注］）を付与すべきであるという。こうした考え方に潜む危険性について，私たちの知人でもあるファイナンスの教授は，次のように私に語っている。「ファイナンスとは，あくまで企業が営む事業に必要不可欠な資金の調達活動について検討することであって，それ自体が目的になることはない」。

　エンタープライズ・レベルでの個別限定的な利害関係者戦略における株主モデルやファイナンスモデルと，企業が営む事業に必要な資金の調達の支援活動を誤って同一視してしまうことは珍しくない。企業が営む事業は，利害関係者のための価値を創造することでもある。ほとんどすべての企業は，顧客・納入業者・従業員・資金拠出者・コミュニティーに影響を与える。こうした利害関係者の利益に相対的な重要度を設定した戦略についていえば，経営者は，社会全体の変化だけではなく，重要度が低く設定された利害関係者

の変化にも目を配るべきである。と同時に，す・べ・て・の利害関係者のための価値の創造に必要不可欠な活動の全体に占める「重要度が高く設定された利害関係者」の貢献度についても解釈を誤ることなく正確に測定すべきである。

　個別限定的な利害関係者アプローチを起点として，エンタープライズ戦略について考えてみよう。XYZ社に就任した新CEOが同社の業務を実際に引き継いだときにはすでにXYZ社は度重なる無節操なM&Aで疲弊していた。XYZ社の役員が自己紹介するときには決まって自分達がかつて働いていた組織について話した。社内の人は皆口々に「新しい価値基準を公表せよ」とか，「社内の人々が拠って立つべき指針について説明せよ」と言って新CEOに詰め寄った。新CEOは毅然とした態度で断った。新CEOが繰返し口にしていたことは，「どのような組織になるべきか」に構わず，「優れた製品やサービスを顧客に提供し，人々にとって働きやすい場所になること」であった。このような性格の価値を極めて限定された範囲の利害関係者に提供し，財務の健全性を図ることが先決であって，それ以外の一切の事柄は時期尚早であった。たとえ文言は少なくとも，人々の間で広く信じられている価値基準に生命力を与えることが重要である。たとえ外見が立派でも，現実味がなく統一感にも欠く価値基準をくどくど考えることはさして重要ではない。

多面的利害関係者アプローチ

　ここで取り上げるエンタープライズ戦略は，企業における価値創造のプロセスの全体に取り込まれる利害関係者を広範囲に俯瞰している。こうしたアプローチの見方に従えば，企業は，少なくとも，顧客・納入業者・従業員・コミュニティー・資金提供者の存在を考慮しなければならない。そうすることによって，人々は，「完全無欠の利害関係者の群に注意を払えば，社会における企業の品質もまた改善される」と信じるようになる。上記のアプローチを採用する理由は様々である。しかし押し並べて，上記のアプローチは，いわゆる内在的価値に通じる要素を持っている。なぜなら，上記のアプロー

チは，世の中を変えていく側面や，アダム・スミスが唱えた「社会の最大多数のための最大限の幸福を追求する」という側面を持ち合わせているからである。

たとえば，ユニパート・グループは，「顧客・従業員・納入業者・株主・コミュニティーのための価値の創造」という内容の事業哲学を定め，各グループ企業にとって重要な基本方針も策定している。なお，ユニパート・グループとは，英国に拠点を置く株式非公開の企業で，物流サービスと自動車部品の販売で知られる。同グループによれば，先に挙げた利害関係者重視の事業哲学は業績向上に貢献してきているという。

一部の企業は，利害関係者の範囲をさらに拡大して定義している。たとえば，ノキアの利害関係者は，「顧客と通信事業者・業務提携業者と納入業者・従業員・株主と投資家・学術研究団体・報道機関・NGO・消費者団体と各関係当局」から構成されている。

多面的利害関係者アプローチを採用している典型例はホールフーズ・マーケットである。オーガニック食品などで人気を博した米国のホールフーズ・マーケットが策定した原則は，企業の存在理由を「共存の宣言」と題して明文化している[3]。同社は，顧客・従業員・コミュニティー・納入業者・株主などの処遇について明らかにしている。同社の原則には，「私たちは，強固で互恵的な提携関係を取引先と組んで利害関係者に貢献していく。私たちは，取引先に対して，尊敬の念を抱き，公正を期し，誠実に対応していく。私たちは，取引先に対しても上記と同じことを等しく期待している」。ホールフーズの宣言を見ても解るように，利害関係者間のネットワークは相互依存的な性質を持っている。このことについて，同社は，「我が社には，すべての利害関係者の自己利益が集中する場所が存在する」と言い切っている。ホールフーズの哲学は，以下のように要約されている。「すべての利害関係者に満足を与え，我が社のスタンダード（あるべき姿）に達することが私たち自身の目標でもある……（略）……。リーダー層が負うべき重要な責任の一つは，様々な利害関係者に固有の利益・願望・要求の均衡関係を確実に維

持していくことにある……（略）……。我が社を長期的な成功へと導くためには，利害関係者から構成されるコミュニティーを創造し大切に育むことが重要である」。

大義名分を立てたアプローチ

　最後に取り上げるエンタープライズ戦略は，「企業の目的は何か」という質問に対して，私たちが「大義名分」とも呼び称している内容で回答を出すものである。崇高な動機については，それ自体に署名する価値がある。大義名分とは，具体的には，社会の大多数の人々に住宅を供給することであり，庶民の夢の実現に必要な資金を融通することであり，社会の全階層が高等教育を受けることができるように仕向けることである。大義名分に関わる条項には，部門全体で共有可能な価値基準も記載されている。エンタープライズ・レベルで大義名分を立てたアプローチを採用すれば，従業員は鼓舞されるであろう。もっとも「大義名分」という言葉が上滑りの言葉ではない点についても留意すべきであろう。

　メルクの使命記述書に明文化された「医薬品は利潤のためではなく人々の健康のために」は，企業が歩んできた歴史を語る際に誰もが引き合いに出す典型例である。最近時点でのメルクの経験を振り返ってみても，メルクの使命記述書の内容は，中国における結核ワクチンの開発と普及を促しただけではなく，アフリカの一部地域と中南米で河川盲目症（眼オンコセルカ症）を患う数百万の人々の後遺症も緩和した。と同時に，手堅く収益源となりうる市場に伝統薬を投入するための販路も開拓した。しかし論議を巻き起こしたメルクの新薬「バイオックス」（＝関節炎治療薬の名称［訳者注］）の一件を踏まえ，現在のメルクが大義名分に積極的に関与しているか否かについては疑問が残る。

　ノボ・ノルディスクは，企業の目的について，次のように明確化している。「世界で先端的な糖尿病治療の会社となるべく（私たちは努力を重ねている）。こうしたビジョンを各人が個人レベルで抱いている。私たちは，糖

図 4.5. ノボ・ノルディスクの利害関係者相関図：この分布図の特徴は，利害関係者の分布図の中心部に糖尿病の患者を据えている点である。同社の許可を得て転載。

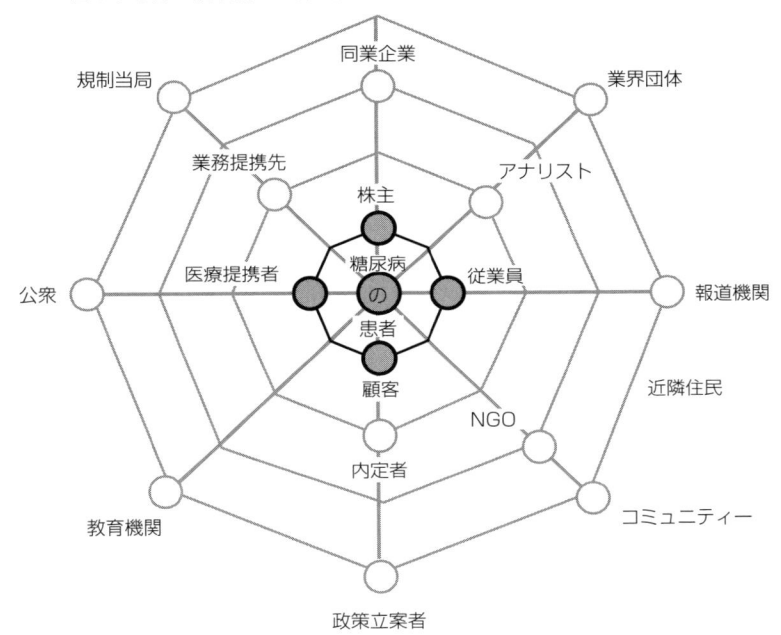

```
         同業企業
規制当局         業界団体
    業務提携先   アナリスト
              株主
  医療提携者  糖尿病  従業員        報道機関
公衆           の
              患者
              顧客
                    NGO           近隣住民
          内定者
教育機関                      コミュニティー
          政策立案者
```

尿病とともに生きる人々の健康と幸福に重点を置く」[4]。ノボ・ノルディスクは，利害関係者について，「業務に影響を与える可能性がある個人または集団，もしくは業務によって影響を被る可能性がある個人または集団」と広義に定義している。同社は，従業員・納入業者・顧客・投資家・官公庁または公共機関・社会を注視している。ノボ・ノルディスクの「利害関係者相関図」は私たちを啓発し教え導くものである。同社の使命記述書で示されているように，ノボ・ノルディスクは患者を（利害関係者相関図の）中心に据えている。

　上記に挙げた企業だけではなく，大義名分を掲げた使命声明書を有する企業に当たってみても，企業の目的には署名する価値があると明文化されている。企業の目的が明文化されているからこそ，それに目を通した人は，主要な利害関係者が持つ意味の重要性について暗黙のうちに（多くの場合，容易

に）理解することができる。こうしたタイプの企業は，自分たちがとった行動を第三者の立場から検証するために，「利害関係者責任」のプログラムや，「利害関係者との意見交換」または「利害関係者との共創」のプログラムを編成することがある。

エンタープライズ・アプローチと企業の社会的責任

　多くの企業は，「企業の社会的責任」として広く知られるようになった分野に，私たちが説く利害関係者についての考え方を適用している。世界の各地で増大傾向にある CSR の重要性について，ある CEO は次のように要約している。「いかなる組織であろうとも，グローバルに展開している組織には，さらなる透明性と開示と公正さが求められる。今後10年間にわたって，CSR は多国籍企業の最重要課題となる。多国籍企業（とその CEO）が世界に与える影響は極めて大きく，私たち CEO もまた世界に対して責任を負わなければならない」。

　エンタープライズ・アプローチを採る人にとって，責任は核心を衝く考え方である。しかし，「社会的」という用語が責任の根本部分を捉えているか否かについては疑問が残る。A 社の CEO が次のように問われた場面を想像してみよう。「私たちは，消費者が好む製品を A 社で製造していることを知っています。A 社で製造された製品はたしかに人々の生活を豊かにしていますね。納入業者は A 社との取引を望んでいるようです。なぜなら，A 社との取引は納入業者に利益がもたらされるからです。従業員が A 社のために自ら進んで労働力を提供し，自分達の報酬や専門的な能力開発に満足していることも私たちは知っています。また，あなたが生活を営むコミュニティーでも，あなたは人格が円満で立派な人物として通っていることも忘れてはなりません。あなたはまた，自分の所得を適正に申告し税金を納めています。たしかにあなたは出世レースで同僚と張り合うことがあったかもしれません。しかし，あなたはコミュニティーにおける良き市民であり，公正な姿

勢を貫いてきています。そのうえ，株主や投資家はあなたのお蔭で大きな収益を手にしています。今一度考えてみましょう。あなたは社会的責任を果たしているといえるのでしょうか」。

　実のところ，「社会的責任を果たしている」という言葉が意味する内容について，私たちは何ら考えを持ち合わせていない。先に挙げた A 社が実行に移したことのすべてを真似るような企業が実際に存在すれば，その企業は賞賛に値するだけではなく，規模の大小を問わず多くの企業が見習うべき手本となる。もっとも企業が実行に移したことについて，それが私たちの期待値を下回ることもある。この場合，おそらく私たちは，当該企業に対して，日常的な業務活動の範疇とは異なる次元の行動や責任を選択するように仕向けるのではなく，むしろ当該企業に手を貸して（地に足の着いたレベルで［訳者補足］）改善を試みるべきであろう。営利目的の責任と社会的責任についていえば，双方ともにもともとは一つのものであったが，しかし今では分離独立した状態で別個に存在している。経営者の立場に立てば，営利・倫理・社会の視点を統合しながら，しかし他とは異なる方法で事業を営んでいくことは困難を伴う。しかし収穫も期待できる。

　私たちは，エンタープライズ・アプローチがより良い策であると信じて疑わない。利害関係者に対して本気で責任を果たしてみるべきである。あなたは，利害関係者を狭義に定義しているかもしれない。ならば，利害関係者についてのあなた自身の定義を拡げるように告げるシグナルが変わる瞬間を見逃してはならない。あなたは，利害関係者を広義に定義しているかもしれない。ならば，あなた自身の努力を振り向けるのに適当なタイミングを逃してはならない。どちらの場合であっても，あなたは利害関係者のための価値を創造しようと努力しているのである。わざわざ社会的責任という用語を引っ張り出して考えなくともよい。そうであるからこそ，私たちは，"CSR" を "Corporate Stakeholder Responsibility"，「企業の利害関係者に対する責任」と再定義したのである。そして事実，利害関係者について考えることは，ビジネスについて考えることに通じる。逆もまた然りであって，ビジネスにつ

いて考えることは，利害関係者について考えることに通じる。

　社会的責任は必ずしも必要な着眼点ではない。しかし社会的責任は少なくとも以下の点で役に立つ。第1に，社会的責任という着眼点は，企業がとった策を社会的背景のレベルと社会的責任のレベルでモニタリングするうえで有用である。社会的責任という着眼点は，企業が営む事業の全般に経営者の視線を振り向けることもできる。このことは，企業が営む事業の部分にしか視線を向けない経営者に対して有効である。第2に，社会的責任という着眼点は，責任の対象をコミュニティーに限定して譲らない人々に向けて新たな発想を提供することができる。私たちの見解に従えば，株主重視のイデオロギーが浸透していた状況の下で，コミュニティーは最も問題視されていた利害関係者であった。しかし，コミュニティーの関心事を本気で受け止めれば，「どのようにして自社が価値を創造しているのか」，そして「どのようにすれば自社は有効で効果的な方法で価値を創造できるのか」についての見通しを容易に立てることもできる。ビジネスの世界でグルとして知られるスチュワート・ハートとC・K・プラハードによれば，「ピラミッドの最下層」に配置されたコミュニティーの内部に深く立ち入ってみれば，手に余る程の大量で創造可能な価値が眠っているという。こうしたモデルを基礎として，たとえばユニリーバのようなグローバル企業は繁栄を謳歌したという。

エンタープライズ・アプローチと倫理の連結

　資本主義には悪評も伴う。ビジネスについて私たちが思い巡らすとき，おそらく私たちは，人生に活力を与えるために事業を営む企業を思い起こすことはなく，苦痛を緩和するために事業を営む企業を思い起こすこともなく，さりとて顧客の暮し向きを良くするために事業を営む企業を思い起こすこともない。私たちが経営者を連れ立って大義名分を立てたアプローチについて実地調査したときに判明したことは，ビジネスについての経営者個人の思考様式に問題があるということである。私たちは，次のような会話を頻繁に交

わしたことを覚えている。「たしかに大義名分を立てたアプローチは，製薬業でうまく機能するかもしれないね。しかし，どうやって大義名分を立てたアプローチを銀行業（または，電力業，食料雑貨販売業）に転用するつもりなのかね」。

　上記の質問に対する回答の内容は実は極めて単純明快である。経営者は，人々の夢に資金を提供することができる。また，経営者は，産業全体や個々人の生産性を挙げるためにエネルギーを供給することもできる。さらに，経営者は，自分自身が関わるコミュニティー全体の要求を満たすこともできる。一部の人が次のような感情——「企業が営む事業は，利害関係者のための価値の創造とは無関係である」，「企業が営む事業は，利害関係者に対する貢献とは無関係である」，あるいは「企業が営む事業は，良い世界を築くこととは無関係である」——を心の奥底に抱くからこそ懐疑的な態度が表に出てくるのである（この先を読み進めた人ならば，誰しもがこのことについて納得するであろう）。先に挙げた感情は，「利潤動機で制御された資本主義と企業は必要悪である」という内容の思考様式に由来する。こうした思考様式に蓋をするのは今しかない。先に挙げた思考様式を持ち続けたままで，21世紀の企業が今後100年間を生き延びることはない。

　私たちが拠って立つアプローチの優位性は，倫理と価値基準に関連した事柄と，企業が提供可能な価値の核心部分との統合を試みてきている点にある。企業の目的を明文化する際に，当該企業は，「自社は誰の役に立つのか」，そして「どのようにして自社は各利害関係者の暮し向きを良くするのか」について理解を深めなければならない。一連の質問は，一見したところ，実務レベルの質問である。しかし同時に，解決することが困難な倫理上の質問でもある。もっとも先に挙げた一連の質問を「実務に関わる部分」と「倫理に関わる部分」に分割したとしても生産的ではない。

　企業の多くは，「行動基準（または規則の遵守）」という文言を用いて自社の倫理上の方針を定めることはあっても，それ以上のことに足を踏み出すことはない。たとえ美辞麗句を並べたとしても，また倫理上の方針に十分な意

義があったとしても，多くの企業はそれ以上のことをしていない。現代の企業を取り巻く環境の中で，ありとあらゆる決定は，利害関係者のために創造された価値の質を高めなければならないと同時に，社会一般の人々からの詮索にも耐え得るものでなければならない。企業に対してエンタープライズ・アプローチを採用する人は，経営者に対して，上記の異なる内容の要求を一本化することを期待している。現代は，「ビジネスと倫理」（＝ビジネスと倫理が共存した状態の意［訳者注］）の時代である。「ビジネスか倫理か」（＝ビジネスか倫理のどちらか一方を選択する状態の意［訳者注］）の時代ではない。いうまでもなく「ビジネス倫理――語義矛盾――」（＝ビジネスと倫理が矛盾して相容れない状態の意［訳者注］）の時代でもない。

　ボブ・カリングウッドに課せられた仕事は簡単ではない。「私たちの仲間は何に拠って立つべきか」という質問に対する回答を組み上げていく際に，ボブは，企業戦略とエンタープライズ・アプローチのどちらでもとることができる。ボブとその同僚が，インスピレーションを感じながら，かつ希望に満ちた状態で仕事に取り掛かることができるような回答さえ出せればよかったのである。このようにして出された回答をもとに，彼は，ビジネスの視点と倫理・価値基準の視点を一本化し，すべての利害関係者の利益を統合することもできる。しかし口先だけで言うのは簡単である。たとえどんなにエンタープライズ・アプローチが光彩を放って有意義だとしても，それに積極的に関与するには，足踏みして躊躇する部分もある。しかし，あなたが手を付けた事のすべてを中途半端にしないで成し遂げることが肝要である。目的を伴って事業を営む企業はもはや小規模のベンチャーとはいわない。しかし目的を掲げて仲間を先導することは困難を伴う。私たちが「倫理的リーダーシップ」と呼ぶようになったリーダーシップのアプローチには，エンタープライズ・アプローチの3段階が埋め込まれている。先に挙げた「倫理的リーダーシップ」について，私たちは，「リーダーシップ論の内容と，リーダーシップ論の道徳的な基盤を切り離して独立的な存在にすべきではない」という

立場に立って議論を進めている（倫理的リーダーシップの詳細については，第6章で説明している）。人間行動のすべてを人間の価値観に一致させることはできない。社会一般の人々からの信用を失い，それ以外の利害関係者からも忌み嫌われるような環境の下で事業を営む企業がエンタープライズ・アプローチを採用することは極めて困難である。株主を中心に置く経営者モデルの呪縛から経営者さえも解放されていない。こうした思考様式をボブとその同僚が打ち捨てなければ，彼らが利害関係者のための価値を偽りなく創造することもできない。利害関係者のための価値を創造する道筋は多岐にわたる。資本主義の優れた点は，人間が自分たちの夢を探求していくことを許可する点と，誰しもが単独では実現できないことを利害関係者と協力して実現していくことを許可する点と，自分たちとそれを取り巻く利害関係者のための価値を創造していくことを許可する点にある。資本主義には，組織に属する誰もが「利害関係者のための価値創造」について自分たちで考えていくために必要な空間も用意されている。第5章では，利害関係者と，利害関係者のための価値創造の詳細について，問題の核心部分に迫っていく。

5
利害関係者への価値を創造するための日常戦略

　私たちの悩めるCEO，ボブ・カリングウッドが，私たちの主張に従っていると仮定しよう。彼は自分自身と自分のチームには，広範な利害関係者との関係をあたかも当然のことのように理解でき，また，利害関係者志向の経営という点で，自分たちがすべきことは何かを理解できるような新たなフレームワークが必要だと実感している。さらに言えば，彼は自社のエンタープライズ・アプローチを通じて，すでに思い描き始めているが，こうしたものが，対話，位置づけの変更，新しい着想，そして，まさに全くの激務の中から生まれてくるには時間がかかることも認識している。ボブが知りたいことは，次のようなことである。速やかに物事を進める具体的で実践的なテクニックは何だろうか。彼や彼のチームが利害関係者への価値をより効果的に創造するように日常の意思決定を行うには，どのようにすれば良いのだろうか。

価値を創造する七つのテクニック

　この章では，私たちが過去25年以上にわたって世界中の企業において仕事をする中で展開させてきた，いくつかの非常に実践的なテクニックを説明する。これらのテクニックは，組織における利害関係者志向の経営のための能力の強化を目的としている。前章は，利害関係者と，企業全体レベルでの目的という問題について理解することを狙いとしていたが，この章では，その過程と執行のレベルに焦点を当てる。これらのレベルは目的とエンタープライズ戦略によって形成される一方で，経営者は，特に自らの組織が明確なエンタープライズ・レベルの戦略を持たない場合に，しばしばこれらのレベルで業務を遂行している。

　利害関係者との関係をより良く構築するために，これらの七つのテクニックがどのように用いられるのかについて説明していこう。その七つのテクニックは以下の通りである。

1. 利害関係者の評価
2. 利害関係者の行動分析
3. より深いレベルでの利害関係者の理解
4. 利害関係者戦略の評価
5. 利害関係者に対する特定の戦略の展開
6. 利害関係者との相互作用に関する新たな形態の創造
7. 利害関係者に対する統合的な戦略の展開

　以下，これらの戦略的思考のテクニックを用いることで，経営者が利害関係者との関係においてより大きな影響力を発揮し始め，彼らが利害関係者に対する価値創造を行う際に役立つような事例を示していこう。

テクニック1：利害関係者の評価

　伝統的に，アウトサイド・イン，インサイド・アウトの戦略的思考はどちらも，企業に包括的な視点を示すような利害関係者の体系的な相関図を描くことに関心を払ってこなかった。第4章で述べたように，これらのアプローチのどちらも，ほとんどの経営者が今日直面している経営環境を考慮するのに十分ではない。それらは，多様な利害関係者が企業に及ぼす影響について，うまく説明することもできなければ，測定することもできない。しかし，これら双方のアプローチによる戦略的思考は，その企業の利害関係者に関するより良き理解を豊富にもたらしてくれる。

　展開されてきたそうした手順の一つは，利害関係者の評価である[1]。利害関係者評価を財務上の監査，すなわち企業の財務計画表の立案と検証を行うようなものと同様に考えてもらえばよい。財務上の監査は，企業が取り組む活動の基礎をなす事柄に関する報告書であって，活動そのものではない。したがって，同様に，利害関係者評価は，企業活動と，その活動がもたらす利害関係者への影響の基礎をなす事柄に関する報告書ということになる。特にヨーロッパでは，多くの企業が，利害関係者とどのような関係にあるのかを得点評価した社会報告書と呼ばれるものを採用するようになってきている。すでに述べてきた理由から，私たちは「利害関係者評価」という表現を好むわけであるが，それは，関連する利害関係者との関係性を，企業の基本的な提供可能価値へとより直接的に結びつけるからである。

　利害関係者評価の過程は，利害関係者相関図を描くという考え方（第3章），および，エンタープライズ戦略（第4章）と合致するものである。しかし，それは企業が入念に明確化されたエンタープライズ戦略を有すことを仮定するものでもなければ，誰が実際の利害関係者なのかに関する良い考えを企業がもっていると仮定するものでもない。図5.1は，利害関係者の評価が主要な四つの手順から構成されることを示している。すなわち，(1)企業の使命の表明，(2)利害関係者の利害の識別，(3)利害関係者に対する企業戦

図 5.1. 利害関係者評価の過程

使命 → 利害関係者の利害の識別 → 企業戦略の評価 → 利害関係者の視点での検証

略の策定，(4)利害関係者の視点での検証である。この過程は，その企業が置かれた然るべき状況に応じたものとなるだろう。そして，それゆえに，どのようなことがあっても各段階が固定されて動かせないものだとみなされるべきではない。むしろ，図5.1は，利害関係者の観点から環境を理解したいと願う経営者にとって，概念的なガイドラインとして役立つものになっている。

手順1：企業の使命の表明

経営者の多くの時間は，企業の目的を公式に表明することに費やされてきたが，それは，企業経営者の大多数によって意味あることであり，また，受け入れられてきたことである。時に，彼らは，その企業における事業の定義に同意することが難しくなることがある。そのような衝突は，生産的かつ，公然と扱われている限りにおいては，組織にとって良いことである。利害関係者評価の過程は，それが年次報告書の中であたかも示されているかのように，使命の暫定的な表明がマスコミに対してなされたり，従業員や証券アナリストへ説明された場合にスタートする。

一度，使命や事業が特定されると，一般的な利害関係者相関図は，第3章で示されたものと同様に描かれることになるだろう。使命，事業，一般的な利害関係者の分析から，それぞれの事業が成功するように様々な種類の利害関係者の重要性を示したマトリクスが作り上げられる。評価は多様なレベルで行われることになるだろう。おそらく，企業全体規模の評価が不可欠となるが，ほとんどの経営者は，彼ないし彼女の仕事に関係する利害関係者評価を行うことになるだろう。これらの評価のいくつかでは，少数の利害関係者が企業の内部に存在しているかもしれない。

手順2：利害関係者の利害の識別

　一般的な利害関係者分析が完了すると，それぞれの事業に関係する特定の様々な利害関係者を識別することが必要となる。ここでは，事業ごとの利害関係者相関図が描かれることになり，図3.2に似たような相関図が作り上げられることになるだろう。特定の利害関係者に関する分析から，各利害関係者の様々な利害関係が推測されることになる。それは，図3.3とBox3-2のようなものになるだろう。その詳細さの程度は，管理者が利害関係者に対して持っている理解の深さによって多様なものとなるべきである。それがどれほど詳細であるのかを決めるのに，全ての利害関係者において一様である必要はなく，むしろ，管理者がどちらかと言えばあまり理解していないと思われる利害関係者に，より多くの努力を費やすべきである。

　この初期の分析が完了すると，様々な利害関係者を対象として，主要な関心事や課題事項のリストが作られることになるだろう。多くの場合，この段階を完了させるのに必要な情報は，過去の記録や，管理者個々の経験から直ちに得られることになる。しかしながら，いくつかのケースでは，情報は個々の利害関係者をインタビューすることで，集められることになるかもしれない。その際には，利害関係者対応専門部署の管理者や，特定の利害関係者との関係を担当している管理者を集めた会議が開かれ，主要な課題事項について，利害関係者の立場を確定するために公表された記録を分析することになる。さらに，この情報は，企業レベルで集められ，利害関係者と課題事項ないし関心事で構成されるマトリクスで表すことができる。図5.2は，そうしたマトリクスがどのようなものなのかの一例である。この「利害関係者－課題事項マトリクス」が完成することによって，経営者は，主要な利害関係者の課題事項や関心事に対して，自らを対外的な評価の過程に関わらせることが可能になる。そうした経営者は，外部環境における微妙なポイントを識別することができ，そして，特定の事業で成功を収めるために解決しなければならない課題事項や関心事を突き止めることが可能になる。また，そのマトリクスによって，従業員，消費者保護団体，あるいはコミュニティーに関

図 5.2. 利害関係者－課題事項マトリクス

利害関係者 課題事項	従業員	顧客	政府	コミュニティー	株主
製品安全性	3	1	1	1	3
財務報告書の誠実性	1	3	1	3	1
新製品サービス	3	1	5	3	3
財務上の利益	1	5	5	5	1

1＝利害関係者にとって非常に重要
2＝利害関係者にとってやや重要
3＝利害関係者にとってあまり重要ではない

して事業全体からみることができるようになり，経営者は，企業全体としてこうした様々な利害関係者と関わらなければならないような戦略について考えることができるようになるのである。

手順3：利害関係者に対する企業戦略の評価

手順1と手順2は，利害関係者と，その主要な関心事を分析することによって，企業における外部環境のとらえ方を形作っている。手順3の目的は，その利害関係者の要求に，現在，どのように接しているかを確認すること，すなわち，各利害関係者や，様々な利害関係者に関する現在の企業の戦略は何であるかを確認することである。この戦略に関する表明は，ある利害関係者に関して，現在，企業がどのようなことを行っているのかが含まれているだけではなく，その企業が戦略やその達成の過程をどのように行おうとしているのか，そして，企業内の部門組織が負っている責任は何なのかということを含んだものでなければならない。

既存の利害関係者戦略を確認することは，通常，戦略事業単位（SBU）や部門，あるいは，特定の職能を担当する管理者が負っている過程を精査することで可能になる。しかし，巨大で複雑な組織では，「戦略センター」レベルでは存在したとしても，企業レベルでは，特定の利害関係者に責任を負っ

ている人物が誰もいないというケースもあるだろう。広報や渉外部門のスタッフは，消費者団体やメディア，政府のような従来とは異なる利害関係者に対し，機能上の責任を負っているだろう。そしてまた，彼らは戦略センターの管理者によって仮に分けられたレベルにおいて，プログラムを策定していることだろう。そうしたケースにおいては，ある特定の利害関係者に対して，あるいは，複数の利害関係者に対して，企業全体としての戦略を明確にすることは困難なことかもしれない。また，企業戦略が，企業の末端レベルで取り組まれているプログラムと一致しないこともありうるだろう。

手順4：利害関係者の視点での検証

　この段階の目的は，従業員調査，顧客満足度，特定の顧客の満足度，アナリスト・レポート，そして，コミュニティーやNGO，その他利害関係者との意見交換の結果を取りまとめることである。利害関係者や課題事項，現在の戦略を確認した後，経営者はこうした確認の結果と利害関係者からのデータを照合することが可能となる。ここで問うべき重要なことは，利害関係者のために，私たちはどのように価値を創造しているか，私たちが行っていることに関する評価は何か，利害関係者評価はどのようなものなのか，変えるべき必要があることは何かといったことである。

　自社の利害関係者像に関して，優れた理解を持っている企業や，様々な利害関係者のために，どのように価値を創造するかを絶えず考慮してきている企業にとって，利害関係者の評価は，実行の問題として生じるものである。しかし，それらの企業でさえも，さらなる注意を必要とする利害関係者が一つか二つあるものだ。仮に，ある企業が特定の利害関係者への接近を明確な形で取る場合，重要でない利害関係者に関する利害関係者評価が役立つこともありうる。

テクニック２：利害関係者の行動分析

　具体的なレベルで，重要な利害関係者と交流を図っている経営者は，利害関係者の反応と行動の範囲をよく考えて理解する必要がある。利害関係者の現実の行動，現在の行動をよく考えて理解することが有益であることに多くの人たちは気付いており，そして，その利害関係者の行動がどのように変わると企業の助けになり，あるいは逆に，どのように変わると企業へ打撃を与えることになるのかについても，よく考えることが必要であると気付いている。利害関係者の行動（と可能性のある行動）を以下の三つのカテゴリーに分けることで，価値創造過程のより深い理解が可能になる。それでは，より詳しくみていこう。

　第１は，実際に観察される行動に関してであり，ある特定の利害関係者の観察される行動を経営者が説明できることが重要になる。実際になされる一連の行動は，問題となっている課題事項に関する組織と利害関係者との関係についての状況を示している。それは，進行中の既存の戦略プログラムに対する反応を示しているときもあるだろう。

　行動に関する２番目のカテゴリーは，協調の可能性に関するもので，問題となる課題事項に関して，組織がその目的を達成するのに役立つような，将来，実行されうる具体的な行動を経営者がリストアップできることである。あるいは，その目的を実現するために，ある様々な利害関係者が事業を支援してくれるようなことは何だろうかという疑問について考えることである。協調の可能性は，利害関係者が支援してくれることに関して，起こりうる全ての中で最善の状況を説明するものとなる。実際の行動に関連したものとして，協調の可能性に注意を向けることは有益である。このように，協調の可能性は，企業にとって有益となるような実際の行動の変化を表している。

　最後の３番目の行動カテゴリーは，抵抗の脅威である。すなわち，組織の目標達成を阻む，あるいは阻むことに加担するような形で，将来，認識されうる行動を経営者がリストアップできることである。抵抗の脅威は，すべて

の起こりうる中でも最悪のものを表し，ここでも，実際の行動との比較において，それを考慮することは有益である。組織の成功の機会を阻む可能性のある特定の利害関係者は何であるかをよく考え，理解することで，経営者は利害関係者の扱いに関するリスクのマイナス面を理解することが可能になるのである。

　これら三つのカテゴリーにおいて行動分析を行うことによって，経営者は，ある特定の利害関係者が潜在的に有している行動に関する選択肢の範囲を本質的に考えることになる。協調の可能性のある行動や，抵抗の脅威となる行動のすべてが，将来，現実のものとなるわけではなく，また，そのいくつかがとりわけ発生の可能性が高いというわけでもない。協調の可能性と抵抗の脅威という図式を採用することによって，組織は，協調の可能性を最大化する，あるいは，抵抗の脅威を阻む（最小化する）ことを目的とした，ある具体的な活動に着手することができるようになる。

　日常的に利害関係者と接し，ある利害関係者がどのようにして事業に対する支援をしたりや障害になるのかを直感的に知っている経営者にとって，このテクニックはとりわけ新しいものではない。行動に焦点を絞ることは，経営者に，ある利害関係者が味方になるのか敵になるのかについての疑問を即座に呼び起こすわけではなく，価値創造の過程に焦点を向けさせ，効果的な価値創造のために必要な行動が何であるのかを問うことになるのである。企業の日常的な業務と関わりの薄い利害関係者にまで，広く利害関係者を措定する組織にとって，具体的な行動を深く考えることは，利害関係者との意見交換や共創への有益な導入部となることだろう。

　ABC社は，長期にわたって，企業活動に関して非常に批判的な様々な利害関係者と関わっていた。実際の行動，協調の可能性，抵抗の脅威に関する分析が行われ，期待されうる最善のことは，単純に，その利害関係者がABC社に干渉しないことであると判断した。そして，同社は，その利害関係者の現実的な問題がABC社のカスタマー・サービス業務にあることを突き止めた。ABC社がこれらの関心事に応答すると，その利害関係者はABC

社への批判をやめたのである。その利害関係者に態度を変えさせることではなく，むしろ，具体的な行動に焦点を絞ることで，ABC 社は，批判に応答する資源をほとんど消費することなく，その利害関係者や他の利害関係者に対して価値を創造することが可能になったのである。

テクニック3：より深いレベルでの利害関係者の理解

　私たちは，自らの生活全体に対し，意識的・無意識的に展開している物事の考え方に基づき，独自の視点で世界をとらえている。世界がどのように機能しているのかについて，事業を成功させるものは何なのかについて，そして，他の人々を動かしているものは何なのかについて，それぞれの仮定をもっている。ときに，私たちはそれらの仮定を意識さえしないこともある。本書の主要な議論の一部は，なぜ事業が成功するのかについてのそうした仮定のいくつかが，もはや適切ではないことを論じている。物事に対する異なる考え方を持つ他の人々とコミュニケーションを取ることは難しいのだが，あなたが同意しようと同意しまいと，今日の企業経営の世界では，それが非常に重要な職務であることは事実である。

　コミュニケーションを取ることが難しいと見なされる特定の利害関係者が特に多くの利害関係を有するときに，そうした集団が「不条理」であったり，「感情的な行動」を取ったりすると主張することはたやすい。企業に対する批判者たちは，しばしば，そのようなカテゴリーの中にまとめられる。私たちはここで異なる視点を提案したい。あなたがお手上げだと諦めようとしたり，利害関係者の不条理さや感情を非難したいときは，いつでもこんなフレーズで置き換えてみて欲しい。「私はその利害関係者の見方を理解していないだけなんだ」と。ある利害関係者の利害が，企業や経営者の利害と異なることもあるだろう。あるいは，その利害関係者が，異なる一連の価値によって動機づけられたり，鼓舞されたりすることもあるだろう。それを知るための良い策はないのだろうか。私たちがより効果的にできる方法は，理解

すること，コミュニケーションを取ること，そして，その利害関係者の利害に関わってみることだろう。

　私たちの経験では，ある単純な質問をすることで，そのようなコミュニケーションや理解を促すことが可能になり，より効果的な戦略を導くことになる。私たちは多くの経営者とともに仕事をする中で，以下のような一連の質問を見出した。

1. この利害関係者の主な利害は何か。私たちはこれらの利害にどのような影響を及ぼしているか。私たちはこれらの利害からどのように影響されているか。
2. この利害関係者に影響を及ぼすことのできるグループや個人は誰なのか。その利害関係者にとっての利害関係者は誰なのか。そして，それぞれの利害（特に利益）は何なのか。
3. この利害関係者は，私たちについて何を信じているのか。彼らが仮定しているものは何なのか。彼らについて，私たちが仮定しているものは何なのか。
4. 起こりうる自然発生的な利害関係者間の連携は何なのか。どの部分で利害の結合ができるのか。私たちとその利害関係者が共通に持っているものは何なのか。対立の大きなポイントは何なのか。
5. 利害関係者をより協調的な行動へ向けさせるものは何なのか。より抵抗的な行動へ向かわせるものは何なのか。

　すべての環境下で，すべての利害関係者に対して有効な「正しい」質問など，ありはしない。しかし，こうした一連の質問は良い出発点を与えてくれるだろう。要するに，これらの質問に答えることは，利害関係者がなぜそのような行動をし，そして，どのようにしてその活動を変えうるのかについての「理論」を構築することに等しいのである。経営者は利害関係者の立場に身を置かなければならないし，その利害関係者の立場を強調しなければならない。彼らは，利害関係者が感じていることを感じようとしなければならず，また，その観点から世界を見ようとしなければならない。ある観点から

の純粋な好みに同調したり，それを表現したりする必要はないが，ある特定の利害関係者の役割を演じることは必要になる。特定の利害関係者の役割を演じようとすることで，経営者は，利害関係者の行動の理由をより実りある形で理解することが可能になり，また，そうすることで，その行動の説明を打ち立てることも可能になるのである。

　こうしたより深い利害関係者理解の過程は，思考の際に必要となる知識やデータと同じぐらいに優れたものである。XYZ 社は，内部の利害関係者対応の専門家が打ち立てた最善策を基礎とした戦略を展開した。これらの「専門家」は，多くの誤った仮定をし，戦略が実行されたときには，主要な利害関係者の一つが予想されたものと全く異なる反応をして，価値創造過程全体を台無しにし，少なくとも，実質的にはそれを変更させてしまった。この理解を現実の利害関係者で検証してみることは，それが消費者であろうと批判者であろうと，非常に重要なことなのである。

　ABC 社はこの過程に挑戦し，制御された環境において利害関係者の行動を管理者がシミュレートできるように，ロール・プレーイング研修を設定した。管理者は「利害関係者チーム」へと分けられ，データや映像が与えられ，ときには，役割を全うするのに役立つように現実の利害関係者も参加した。企業にとっての重要な戦略的課題事項については，午後のすべて，あるいは全日を使って，管理者に対してシミュレーションが行われた。そこで得られた洞察は，注目に値するものばかりだった。彼ら自身に利害関係者の靴を履かせることによって，管理者は，異なる物事の考え方を持つ利害関係者に対する自らの行動の影響を見ることができたのである。数年にわたって，ABC 社は数百人の管理者にこの過程を経験させ，その利害関係者へ価値を創造する能力を大きく向上させることができた。それは，新しいサービスの導入から，既存の製品・サービスの市場での位置づけの変更にまで至るもので，政府や NGO，そして，新手の様々な利害関係者を扱うための可能性豊かな戦略を生み出すことにもなったのである。

テクニック４：利害関係者戦略の評価

　多くの企業において仕事をする中で気付いたことがある。それは，戦略上の態度によって，利害関係者を分類することが，時に有益であるということである。「戦略上の態度」とは，意思決定の結果に影響を及ぼすための変化に関する彼らの能力を意味する。たとえば，特定の利害関係者が，あるプロジェクトに非常に影響力を持っていて，彼らはまた大変に協力的であり，もし，彼らのサポートを失うと破滅的な結果を招くと仮定しよう。この態度を，本当ならば状況が悪化するはずがないプロジェクトに対して大きなマイナスの影響を持つグループと比較してみよう。私たちが彼らを変えることができるのならば，彼らは私たちに対して役立つ存在になるだろう。

　各利害関係者の現在の行動，協調の可能性（cooperative possibility；以下CPと表記），抵抗の脅威（competitive threat；以下CTと表記）を分析することによって，私たちは，自らの価値創造の方法に影響を与えるような利害関係者の潜在的可能性とは異なる状況を手に入れることになる（前述のテクニック２参照）。協調の可能性が低く，抵抗の脅威となる可能性が高い利害関係者と協調の可能性が高く，抵抗の脅威となる可能性の低い利害関係者を区別して扱いたいと思うのは，言うまでもないことである。このように，相対的な協調の可能性という点で，まず，利害関係者をランク付けしていくことが望ましいといえよう。これは，次のような疑問を呈することによってなされる。「私たちの目標達成に，最も役立ってくれるのはどの利害関係者だろうか」。あるいは「高いCP（協調の可能性）」，「やや高いCP」，「やや低いCP」，「低いCP」のような単純な図式を使うことによって，利害関係者を単純に分類することもできるだろう。同様の手法は，抵抗の脅威でも用いることができるだろう（私たちが自らを競合他社の立場において同様の分析を行うことは，啓発的な実習である。競合他社はしばしば異なる利害関係者を有している）。利害関係者は少なくとも以下の四つのグループに区分できる。すなわち，(1)相対的に高い協調の可能性があり，抵抗の脅威も高い

ようなグループ（変動的利害関係者），(2)相対的に低い CP で高い CT のグループ（防御的利害関係者），(3)相対的に高い CP で低い CT のグループ（攻撃的利害関係者），(4)相対的に低い CP で低い CT のグループ（抑制的利害関係者）である。私たちは次にその分類を精査することになるのだが，全く可能性のないグループの CP と CT は無視しても構わないだろう。つまり，仮にあるグループが高い協調の可能性を有していても，私たちが展開している戦略プログラムの時間的な枠組みの中で，その可能性が変わらないということを過去の経験から知っているならば，そのグループの CP については無視しても構わないのである。おそらく，その企業においては，高いレベルでそうしたことを反復しているだろう。この演習を通して，図 5.3 に示されるような最終的な図を得ることになる。

変動的利害関係者は，特定の状況の結果に影響を及ぼす可能性が非常に高い。したがって，企業がそれらの利害関係者と相互作用ことによって，ルー

図 5.3. 利害関係者と戦略上の態度

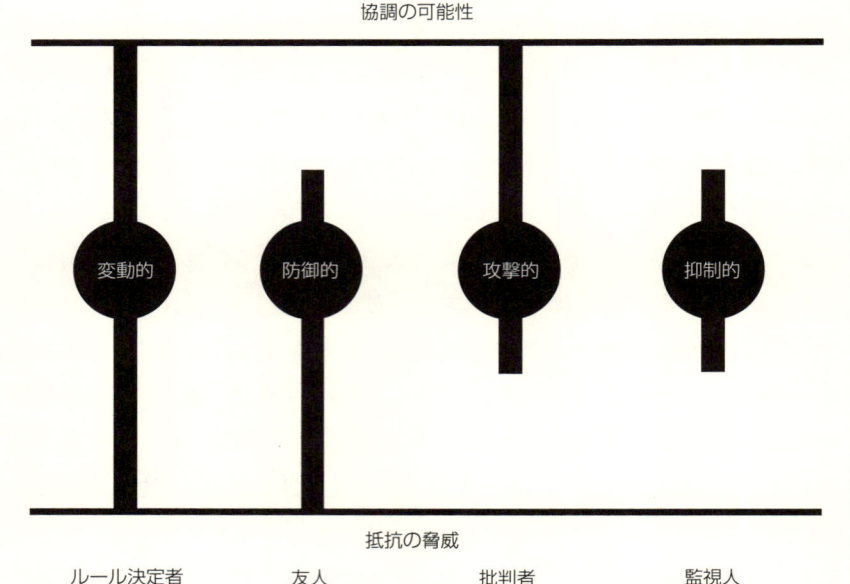

協調の可能性

| 変動的 | 防御的 | 攻撃的 | 抑制的 |

抵抗の脅威

ルール決定者　　友人　　批判者　　監視人

ルを変えていくことを狙いとする戦略が適切となる。一般的に，新たな戦略が求められ，時に，助力となるような支援プログラムが必要となる。

防御的利害関係者は，相対的にみて支援をしてくれる可能性はほとんどなく，むしろ，企業の目的達成の妨げになるような対策を講じてくる（行動をする）可能性がある。防御的利害関係者は，しばしば，とても有益である習慣的あるいは現実の行動を取ることがあるが，それゆえに，さらなる関係向上，および高いCP（への転換）の可能性はかなり限られる。防御的利害関係者という存在は，人は敵よりもむしろ友に非難を受けやすいという格言を例証しているのである。

攻撃的利害関係者は，目標達成の際に，大きな助力を与えてくれる可能性があり，相対的な脅威をもたらす可能性はあまりない。おそらく，この課題事項について，彼らはすでにその企業を圧倒しており，彼らの実際の行動によって，これ以上状況が悪化するはずはない。悪化するリスクがほとんどないならば，事実上，あらゆる戦略に試みる価値があり，利益を得る機会として活用されるべきである。

抑制的利害関係者は，必要以上の助力も得られないが障害にもならない存在である。しかしながら，彼らが現在，活動しているということを記憶にとどめておかなければならない。CPとCTの大きさは行動によって変化するので，新たな戦略プログラムや現在の活動の支援となるプログラムをどのように策定するかについて私たちは注目している。動きのほとんどないグループには，既存の戦略プログラムで十分だろう。また，抑制的利害関係者は，大きな価値創造の源泉となるかもしれない。彼らは，自分たちの要求を満足させられる企業がないために，単にパワーに欠けているだけなのかもしれないし，あるいは，彼らの現実の協調的もしくは抵抗的な行動を，十分に識別できるだけの創造性が私たちになかったのかもしれない。彼らは忘れられるべき存在ではなく，よりよき理解を得るための源泉として扱われるべきである。

経営者の多くは，批判者と対峙したときの企業の立場を誤解している。彼

らは，悪い行動が起こらないように，しばしば，批判者たちと会うことをためらう。しかし，私たちが間違っていなければ，批判者たちと共に行動することによるリスクは，ほとんど存在しないだろう。XYZ社には，その存続に疑問を呈するような多数の著名な批判者がいた。XYZ社のCEOは，これらの批判者と共に行動し，単に彼らに企業叩きを続けさせるよりも，少なくとも彼らをその論争の一部に加えてしまうことがより良い選択であることをようやく理解するにいたった。批判者と共に行動しないことで批判者に対処しようという同社の現在の戦略が機能しないことを，彼は悟ったのである。XYZ社は，利害関係者との共創の作業に取り組み始めることで，ゆっくりと進歩を見せ始めた。もちろん，XYZ社の製品とサービスに関することにも十分に取り組んでいかなければならなかったので，こうした利害関係者との意見交換や共創の作業は，独立的に行われたわけではなかった。批判者をなだめることは，彼らを無視すること以上に好ましくないだろう。そのような利害関係者との意見交換に全力を傾けることは，XYZ社におけるより大きな変革努力の一部であった。

テクニック5：利害関係者に対する特定の戦略の展開

　ときに，利害関係者の一般的な態度について考えることで，価値創造のための効果的な戦略を策定するのには十分な場合もある。私たちは，その戦略的思考の過程をより細かくするために，時には別の段階を付け加えることもありうる。利害関係者の一般的な態度が，価値創造のための特定の戦略を策定するのに，どのように機能しうるかを考慮することも可能である。それぞれの一般的な態度は，然るべき特定の戦略をもたらすが，それは，ある特定の事業の文脈のもとでの個々の利害関係者の行動にあわせたものとなるだろう。Box 5-1は，展開される可能性のある，特定の価値創造戦略の種類をまとめたものである。それぞれのケースにおいて，利害関係者との日常の交渉がどのように実行されるかということに焦点を当てることによって，追加的

┌ ─ ─ ─ ─ ─ ─ ─ ─ ─ ─ ◆ Box 5-1 ◆ ─ ─ ─ ─ ─ ─ ─ ─ ─ ─ ┐
                 特定の利害関係者への価値創造戦略

 ルール変更戦略
   1. 行政を通じてなされる公的なルールの変更。
   2. 意思決定における討論の場の変更。
   3. なされる意思決定の種類の変更。
 積極的戦略
   1. 企業について持っている信念を変えさせる。
   2. 何か異なること(あらゆること)を行う。
   3. 利害関係者の目標を変える。
   4. 利害関係者の立場に立つ。
   5. プログラムを利害関係者がより好ましく見ている他のことに結びつける。
 防御的戦略
   1. 企業について持っている現在の信念を強化させる(「釈迦に説法」)。
   2. 既存のプログラムを維持する。
   3. 課題事項を利害関係者がより好ましく見ている他のことに結びつける。
 抑制的戦略
   1. 何もせず,既存のプログラムを監視する。
   2. 企業について持っている現在の信念を強化させる。
└ ─ ┘

な選択肢が導かれる。このテクニックについては改めて個別に検証していくことにしよう(テクニック6)。

ルール変更戦略による価値創造

　ここで挙げられている三つの戦略は,相互に排他的な関係ではなく,しばしばそれぞれを結びつけて用いられている。まず最初に,公的なルールの変更があり,それによって,立法化されたルール,政令,省令などのルール,あるいは,非政府組織の設立認可書において制定されたルールまでをも,企業は変更するよう求めていくことになる。価値は,規則制定の過程に影響を及ぼすことによって,簡単に創造されうるものとなる。単純なケースでは,企業の顧客の要求や,ある技術に関する要求,あるいは,企業が持つ能力に

関する要求に有利に働くようなルールに明細事項を書き込むこともあるだろう。

　第2に、意思決定における討論の場の変更、すなわち、ある意思決定をする人の変更や、意思決定がなされる場の変更である。政府にとっては、司法権は看過できないほど重要な課題事項であり、戦略的な変数である。近年の通信産業の大失敗は、業界を規制するために75年間以上にわたって展開されてきた、よくできた見事な規制ガイドラインに技術がついていくことができなかったという状況の変化と混乱によるものであった。固定化された産業では、絶えず成功へと導くような意思決定における討論の場を創り出すことが難しいために、勝者がいる一方で、多数の敗者が存在することになる。伝統あるAT&Tの最近の解体ほど悲惨なケースはないが、AT&Tは、分離独立したかつてのサウスウェスタン・ベルによって買収されてしまったのである。

　3番目に、企業は意思決定の種類を変えて、異なる一連の課題事項に関わる利害関係者との関係に焦点を定め直すことである。

　たとえば、いくつかの公共事業では、料金問題で伝統的に仲介役的な存在だったグループとの間にルール変更戦略を採用してきた。そのような戦略の一つには、料金問題に関する敵対者同士による闘争という状況から、より交渉とコミュニケーションが促進されるような環境へと意思決定を行う討論の場を変更することが含まれていて、それによって、消費者の代表と公共事業の経営者が次なる料金案を議論し、どのように相互に進めていくかについて同意を得ようとしている。消費者団体は、料金問題で引き続き口を出してくることもあるだろうが、その企業は消費者の観点を理解することができるようになり、また、消費者団体は、問題の一つ一つについて、その企業と争わなければならないと思うようなことはなくなったのである。実際に、消費者団体がある企業の提案に対し、同意するようになったケースがいくつかみられる。そして、双方は他のことについては、意見を異にするということで意見が一致するようにもなっている。少なくとも、いくつかの意思決定がなさ

れる討論の場を変えることで，公共事業者と仲介役との間にあった敵対的な障害を取り払うことが可能になったのである。意思決定のための討論の場を変えることはまた，企業と活動家との間で相互作用が行われることによってその過程を変化させ始めている。

　環境保護団体の中には，多くの業界に対して敵対的に規制をかけていくという過程から環境行動計画の支援を得るために企業の内部で協働していくことへの移行というようなルール変更戦略を用いることで成功しているところがある。このアプローチの先駆者の一つは環境防衛基金である。ファーストフード企業によって一般化されてしまった「無駄」をなくすために，環境行動計画でマクドナルドと力を合わせたのであった。「無駄」が減らされたことにより，ごみ処分場の問題に関して環境活動家の利益と評価を得たという点で，こうした取り組みはマクドナルドにとっての価値を創造したのである。

積極的戦略による価値創造

　利害関係者と協調の可能性がもたらされるように，多くのプログラムが用いられてきている。協調の可能性が高い利害関係者が，企業と敵対的な関係を持つようになるのは，その企業の状況が悪くなったときであり，そのときは，実際の何らかの変革によってプラスの結果を導くようにしなければならないだろう。このように，協調の可能性がもたらされるために注意深く分析されなければならない幅広い戦略がある。この選択肢に含まれるのは，(1)利害関係者が企業に対して持っている信念を変えさせること，(2)何か異なること（あらゆること）をしてみること，(3)利害関係者の目標を変えること，(4)その利害関係者の立場に立つこと，(5)プログラムを利害関係者がより好ましく見ている他のことに結びつけることである。

　これらのタイプの戦略には，豊富な事例がある。最も単純なタイプである，利害関係者がその企業に対して持っている信念を変えさせる戦略では，商品やサービスの市場での位置づけの変更というプログラムが行われる。既存

製品に新しい活用法が見出されると，そのことはその製品やサービスについての消費者の考え方を変えることになる。その企業に対して利害関係者が持っている信念を変えさせることによって，ある利害関係者の行動は，その企業に対する間違った仮定の結果として生じたものであるということに変わると，経営者は確信している。批判者の言うことに耳を傾けることや，我が社は，実際には特定の社会問題に関心を持つものの，それをどのように解決したらよいのかわからないというような「道理をわきまえた」人々で構成されていることを批判者に示したいと望むことによって同様な戦略をとる企業もある。

　すでに，利害関係者との間の状況が難しいものになっていて，また，そのグループがこれ以上，その企業にダメージを与えることがほとんどないようならば，実際には，あらゆる活動を試してみる価値がある。しかしながら，成り行き任せの活動や，企業に対して持っている現在のネガティブな信念を強めてしまうような活動は，現在の望ましくない行動を定着させ，増強させてしまう可能性がある。米国でのタバコ産業がここでは良い事例となろう。いくつかの企業は訴訟を起こされ，司法長官と和解をした後に，批判者と広く意見交換をする新しい戦略を採用し，これまで行ってきたこと以上に透明性を確保することを約束した。他の企業では，単に批判者の観点を変えさせ，連邦政府の規制と監督を支持し始めたところもある。

　これまでに述べてきた二つの戦略以上に困難な戦略は，様々な利害関係者の目標に挑戦し，変えさせること，すなわち，そのグループが企業と同じことを望むように説得することである。利害関係者の目標を変えさせるために実行されるプログラムには，多額の費用が費やされる。擁護広告キャンペーンは，政府の適切な役割について，グループの目標を変えさせることを狙って行われる場合がある。キャンペーンでは，しばしば，自由企業体制の美徳を吹聴することや市場プロセスに介入しようとする政府の取り組みを冷笑することが行われる。これらの戦略は，しばしば，広告活動を行っている企業についての様々な利害関係者の信念を最終的には変えてしまうことがあるの

で，注意深く行われるべきであろう。すなわち，利害関係者は，その広告が利己的なものであって，資源の無駄遣いだと信じてしまうようなこともある。こうした行動は，経営者や取締役会のメンバーが反撃することでもって気分を良くしているだけのものなので，実際に創造されるような価値はほとんどない。

　その観点の対極にあるのが，利害関係者が特定の課題事項に関してもっている目標を採用する戦略である。これは，市場では普通に行われる経営上の手順なので，少なくとも他の場にも同様に移植されるべき，もしくは移植することが可能である。労働組合の目標が経営層に受け入れられるならば，労使協調が促進されることになるだろうし，また，経営層が従業員の目標を理解し，採用するようなケースでは，組合の組織化を阻止することさえできるだろう。通常，そのような戦略は，長いストライキで企業と労働組合の双方が苦しんだ後にだけ行われている。もちろん，そのようなアプローチで非効率になることもあるだろう。しかし，特定の利害関係者の協調の可能性が，企業の存続に大きく影響するようならば，考慮されるべきことなのである。一つの有効な戦略は，ある利害関係者のより広い関心事への考慮の中に課題事項を関連づけることであり，その課題事項への支援が，より大きな課題事項への支援に繋がっていることをその利害関係者に示すことである。

防御的戦略による価値創造

　ある利害関係者がプロジェクトの成否のカギを握っているが，実際には，成功を果たすことに際して，そのグループが助けになってくれないような場合，防御的戦略が必要になる。防御的戦略が必要となる典型的な状況は，業界団体の役員がその会員を扱うときである。全く当然のことであるが，業界団体に属する組織は，然るべき手続きをもって，拒否権を行使することができる。そして，業界団体の経営活動を支援しなければ，その組織は崩壊してしまう。しかし，通常はその団体のメンバーとなっている組織は，もとよりできる限り支持的であるので，協調関係が潜在的であることほとんどない。

したがって，理性的な業界団体の管理者は，彼あるいは彼女のメンバーからの支持を失うことに対し，警戒しなければならない。一般的な問題は，抵抗への脅威へと向かうような現実の活動の悪化を，どのように阻止することができるかということである。

経営者は，利害関係者の態度を変えようとする必要はないだろうが，むしろ，現在の態度を強くしようとすることが必要になるかもしれない。ある意味では，すでに信者となっている者に「釈迦に説法」をしなければならない。絶えず現在の信念を強化することによって，経営者は，よりネガティブな行動を導き出すかもしれないような信念の変化を防ぐのである。話を元に戻すと，業界団体は，あたかも専門的な組織のように教育的である。年次総会では，「この1年間，この組織はあなたのためにどれだけのことをしてくれましたか」という議論が溢れかえっている。

株主は別の好例である。というのも，グループとしての株主による協調の可能性はほとんどない一方で，抵抗の脅威については比較的高い可能性が存在するからである。もし，彼らの大多数が同時に株式の売却をしようとするならば，価値は壊滅し，創造されることはないだろう。それゆえに，定例株主総会や年次報告書，アナリストへの説明会といった今やお馴染みの儀式をよく見ることになるのである。

制御的戦略による価値創造

いくつかの利害関係者は，相対的に協調の可能性や抵抗の脅威をほとんど持たないかもしれないが，彼らはなお重要な存在となるだろう。戦略にとって必要なことは，現在の行動を維持し，これらの利害関係者の要求をより良く理解しようと熟慮することである。これまで私たちは制御的利害関係者が実際にはどのように企業に対する助力を与える可能性があるのか，あるいはダメージを与えることになるのかについてじっくりと考えてきていなかったがゆえに，彼らには，イノベーションの源泉となる可能性が秘められている。こうした利害関係者には，潜在的な価値が存在する。

テクニック６：利害関係者との相互作用に関する新たな形態の創造

　相互作用レベルの分析は，利害関係者志向の経営の要である。そこでは，企業と重要な利害関係者との間に，具体的な相互作用がある。最近では，これは「戦略遂行」の項目のもとで行われてきている。すなわち，戦略的な作業を実行し，完了までそれを監視するということである。企業が，利害関係者との日常的かつ継続的な相互作用の方向を消費者からコミュニティーへと変える場合，利害関係者との価値創造過程を変化させているのは明らかである。

　グローバル企業において仕事をした経験では，利害関係者と企業の相互作用の方法は，少なくとも四つが観察された。これらのアプローチを次のように呼ぶことにする。すなわち，利害関係者の無視，広報アプローチ，暗黙の交渉，共創・意見交換・交渉である。

利害関係者の無視

　取るに足らないことに聞こえるかもしれないが，組織の中には，自らに影響を及ぼす，あるいは，自らが影響を及ぼす可能性のあるグループや諸個人と，相互交流をしない組織がある。おそらく，そのように何も活動しないことは，拒絶を表すものか，あるいは，単に環境スキャニングのような組織過程の崩壊を意味するかもしれないが，結局のところ，そうしたことは正しいことではない。もしくは，ある種の利害関係者を無視するということは，浮世離れした世界での経営モデルを用いた結果である。根底にある原因にかかわらず，利害関係者を無視する組織は，遅かれ早かれ，大きなトラブルに巻き込まれる。

　KSD 社は，自社に影響を与える政治的過程の利用方法を知っている特定の利害関係者のことを無視していたことに気付いた。そのグループは，KSD 社の業務に影響するような法案を州議会に立法化させていた。KSD 社

の経営者が，その法案を無効化しようと準備する頃には，法案を通過させるのに必要な賛同者はすでに十分に揃っていた。その規制法案のために，KSD社はその州において多額の潜在的な利益を捨てなければならなくなったのである。

　多くの企業が，コミュニティーとの交流の中で，こうした過ちを犯してきている。彼らは消費者や従業員，納入業者，資金拠出者の重要性を認識している一方で，コミュニティーや，ときには批判者を無視してしまっている。あるいは，中途半端で非戦略的なやり方でフィランソロピーに取り組んでいることもあるだろう。比較的自由で開かれた社会において，企業がこうしたことを行ってしまうことは，自らを危険にさらすことになる。コミュニティーの代表者や批判者，そして，不満を抱いている従業員でさえも，企業と「取引する」方法として，合法的で政治的な過程を利用する可能性がある。それはしばしば，価値創造過程を犠牲にすることになってしまう。

　最も顕著な歴史上の事例は，石油産業とOPEC（石油輸出国機構）の立ち上げである。そして，石油産業は，長年にわたってOPEC創設を無視していた。OPECが1960年に創設された時，石油企業の経営者に対して微弱な合図が送られていた。「私たちはOPECのことは聞いていた。けれども，何かの冗談かと思っていた」。ある経営者の言葉である。

　ある企業から利害関係者に対して活動がなされていない場合，その利害関係者は要求を満たすために，別の企業に乗り換える可能性がある。あるいは，その企業からの応答を引きだそうとするために，政治的なパワーを使い始めることもあるだろう。強制的なパワーがいったん使われ始めると，対立は激しさを増し，企業は「巻き返し」を図らなければならなくなる。このことに関するダイナミックな展開を，ウォルマートと批判者，そして，ウォルマートが出店を予定しているコミュニティーとの関係に見ることができる。

　「利害関係者を無視する」戦略は，これ以外に，利害関係者や，将来なりうる利害関係者に対応するために振り分けるだけの資源がないときに起こる。その企業は利害関係者を無視したままでも良いかもしれない。というの

も，資源不足ということが同様の合図で送られるからである。組織的な努力の欠如が意味することは，その企業が課題事項特定の初期段階に加わらないだろうということであるが，その段階は，議論や問題の定義づけに対する影響にとって極めて重要な段階でもある。

　組織が利害関係者とより効果的に相互作用するための明白な方法の一つは，単に彼らを無視しないことである。ある種の組織的な過程，あるいはある管理者は，実際にあろうとなかろうと，その組織の利害関係者が仕掛けてくる取引に絶えず直面しているということに責任を負うべきなのである。

広報アプローチ

　大抵の大企業は，市民とコミュニケーションを図ることを仕事とする広報部門を持っている。そして，多くの企業では，コミュニティーや批判者のような利害関係者との相互作用において広報部門に大きく依存している。ほとんどの広報部門の担当者は，ジャーナリズム学部でコミュニケーションの専門家としての教育を受けている。典型的な利害関係者との相互作用は，コミュニケーション・プログラムを中心に展開され，そこでは広報部門の担当者が，その企業の計画や，その計画が利害関係者にどのように影響するかについて，利害関係者や「市民」（さらに悪く言えば「聴衆」）に語ることになる。このアプローチは，単に様々な利害関係者を活動へ駆り立てることになる場合もある。

　もう一つの方法としては，広報部門の担当者が講演会やコミュニティの代表者との昼食会を企画し，それによって，企業の計画について，いわゆるオピニオン・リーダーが情報を持つようにすることである。広報アプローチの一般的な道筋は，一方向のコミュニケーションである。広報部門の担当者は，ときに，経営者を満足させるために，人の心をとらえるキャンペーンを一緒に展開するような広報専門のコンサルティング会社の支援を受けて，物語を語る。そのようなキャンペーンで焦点となるのはイメージである。企業のイメージが重要である一方で，良いイメージの企業が，利害関係者の要求

への合致という点で，非常に恵まれているということに直ちにつながるわけではない。

　広報は，事業を構成するものの中で，極めて重要なものであるが，それを企業の戦略的な思考過程へと統合していく必要がある。もはや事業から，意思決定における広報に関する部分を現実的に分離することはできないのである。それらは，その企業の基本的な価値の主張の中へと統合されていかなければならない。このように，消費者から投資家やコミュニティーにいたるまで，重要な利害関係者とどのようにコミュニケーションを図り，相互作用していくかということは，事業部長，CEO，広報担当役員にとって，理にかなったゲームとなっているのである。

暗黙の交渉

　相互作用に関する三つめの方法は，価値創造戦略の策定において，企業が利害関係者の関心事を考慮に入れることである。戦略が実行される前に，企業が利害関係者の関心事を考慮に入れようとすることによって，そうしたグループが持っているかもしれない何らかの異議を和らげることが可能になる。私たちがよく知っているような多くの企業では，製品，サービス，そして，行動計画において利害関係者の関心を予測しようとしている。

　暗黙の交渉に関する問題は，事実上，態度を計画段階で想定している利害関係者に帰することになってしまうということである。もしも暗黙の交渉が有効でありうるならば，利害関係者自身へ尋ねるよりも，むしろ二次データに依存するような意図的な意思決定も考えられるだろう。暗黙の交渉に不可欠な情報に価値があることを証明する必要性から，利害関係者に対する明示的な交渉を伴う，より直接的な共創のプロセスが自然に導かれることになる。

共創，意見交換，交渉

　私たちの経験では，利害関係者への価値創造に優れた企業は，積極的に利

害関係者と共創している。それらの企業は，絶えず，重要な利害関係者との対話や，多様なコミュニケーション・チャネル，率直な意見交換といったものを創り出すように運営してきている。

これらの企業では，利害関係者とのコミュニケーション過程が双方向で行われている。経営者が利害関係者の立場を理解できなかったり，利害関係者が企業の立場を理解できなかったりするならば，そのとき，各々はそのような障害を克服する方法を見つけ出さなければならない。コミュニケーションは非常に複雑なのである。それぞれが一連の先入観を持ち込み，それゆえに，誤解が生じるような可能性が十分にあるといえる。価値の共有という点で，組織が利害関係者と離れていればいるほど，真に双方向のコミュニケーションを行うことは一層，困難になっていくのである。

コミュニケーションを成功させるカギは，コミュニケーションを行っている当事者の信頼性だろう。そして，信頼性は「当事者次第」である。多くの企業が利害関係者と信頼できる関係を持っている一方で，そのような関係性を築くことは，痛みを伴い，多大な時間を必要とし，資金のかかる方法となってしまうことがある。利害関係者との意見交換を確立したナイキの方法は，非常に教訓的である。

ナイキは，児童労働と子供たちを危険な作業環境で働かせていたことで，批判者たちに糾弾された。ナイキは自前の工場を所有しておらず，世界中，特に東アジアにおいて，現地の工場と納入関係を結んでいる。ナイキは，元国連大使であるアンドリュー・ヤングを担いで，現地調査を行った。その報告書はナイキが解決しようとしていたいくつかの問題を明らかにするものだった。しかし，これは批判者たちを満足させるものではなく，結局のところ，ナイキは納入業者との大規模な関係改善を行うことになった。行動原則で明らかにされたことは，その遵守を納入業者に要求したことと，査察とペナルティに関する厳格なシステムを導入したことであった。ナイキはまた，利害関係者との意見交換プログラムを実行し，批判者に確実に理解してもらうために，利害関係者との共創も行った。利害関係者のすべての要求を満た

すことはできないが，ナイキが今日のガラス張りの環境の中でうまく競争できているのは，利害関係者，そして利害関係者のナイキについての信念に接近してきたからなのである。

　前述の「無駄」削減プロジェクトのために，環境防衛基金とマクドナルドが取り決めを正式なものにしようとしていた際，ある関係者は，契約の約定の詳細を詰めるのに多大な努力が費やされ，また，権利と義務を持った人たちが多かったということを述べている。そのプロジェクトが広がるにつれ，共同作業はより非公式な交渉へとなっていった。すべての関係者が遵守に同意する一連の公式ルールがある場合，ひとたび，ある種の信頼が構築されると，非公式なプロセスがより効率的で実効的なものとなった。

　非公式な交渉の利点ははっきりしている。コミュニケーションに制約がなく，それぞれの立場を「記録」に残す必要がない。公式の手続きは，創造的な解決策をもたらすものではなく，また，実験的なことも推奨されない。非公式な交渉という方法が最大限に活用される場合，公式な手続きや契約といったものは，それらが仮に存在するとしても，儀礼的なものになる可能性があり，実質的には不必要なものなのとなる。「公式性」とは相対的な用語である。企業が事前に接触を持っていなかった様々な利害関係者との簡素な会合が公式の手続きとなることもあれば，長年にわたる関係を持つグループ間の会合が非公式なものになることもある。効果的な相互作用の過程は，非公式な交渉を活用するのである。

　関連する問題としては，交渉をどこで行うか，また，その対話の設定をどうするかということがある。ある消費者団体のリーダーは，業界のメンバーと他の消費者団体のリーダーたちとの会合をリゾート地で開催し，双方のグループから日常的な争いを取り払い，真のコミュニケーションを促進させた。別の活動家は，彼のグループのメンバーの大半がボランティアで，彼らは自分の仕事を持っているために，日中の会合に参加することができないということを企業の経営者が理解していないことに不満を感じていた。彼は，企業の意思決定にグループのメンバーを参加させようとする，善意ある経営

者を十分に評価していたが，その設定だけを問題としていたのである。設定や場所の問題は，間違って用いられてしまうと威圧的なものになってしまう可能性がある。そして，そのことによって，利害関係者との意味ある共創が台無しになってしまうこともある。それらは，様々な利害関係者との率直な交渉を計画する際に，深く考えられなければならない変数なのである。

　利害関係者との共創に関する私たちの考え方の一つの解釈は，経営者は利害関係者を理解し，また彼らとコミュニケーションを図る必要があり，そして，そのコミュニケーションを成立させるという目的のためにも，彼らは連絡を取り合うべきであるということである。残念なことに，このことが「社会報告書」を発行するという義務のために儀式化された過程となっている会社もある。そして，そのような社会報告書には，企業が（通常，消費者や納入業者という言葉では定義されていない）利害関係者と行っている意見交換がしばしば掲載されている。コミュニケーションは，それ自体が目的なのではなく，価値創造に向けた非常に重要な作業なのである。活動としては，経営者は提案をする準備をし，様々な利害関係者からの提案に応答し，進んで歩み寄ろうとすることが求められる。「トレーダー」を経験していない経営者は，まさに同僚を扱うのと同様に，利害関係者との取引の際に難しさを経験することになるだろう。

　XAC社は，「交渉の切り札」を明らかにするために利害関係者に対してなされる手順を作った。それは，企業が歩み寄ることができる課題事項についての立場に関するものであった。その手順によって，経営者は，利害関係者と相互作用しながら，企業と重要な利害関係者の利益が重複している部分を明確な形で認識することができるようになった。こうした経営者は，利害関係者のところに赴き，ある課題事項について，利害関係者の支援や活動を得ることを断念する必要があることを十分に理解したのである。その手順は絶対に間違いのないものではなかったが，そうした経営者に，利害関係者との取引における主要な手段として，交渉や歩み寄りがあることを考えさせることになった。経営者が企業の政策に背く立場へとリスクを犯して関与して

いかなければならない時がある。経営者が進んでそのようなことをするようでなければ，本物の交渉を行うことはできないだろう。なぜなら，そうしなければ，取引の限界へと迫ることは決してできないからである。

　利害関係者との相互作用における「お気に入り」の方法，すなわち，一方的な活動の利用は，慎重に吟味される必要がある。一方的な活動とは，単独での活動を意味し，事前の何らかのコミュニケーションを必要としない。利害関係者を無視する企業は一方的な活動を行うが，利害関係者と定期的にコミュニケーションを図り，交渉している多くの企業も同様にそういうことを行う。一方的な活動の範例は，外交政策に見られる。すなわち，「我々はキューバにミサイルを配備し，ケネディの出方を伺うつもりである」，「我々はイラン国内で人質を取り，カーターがどのような反応をするか，見るつもりである」，「我々は核開発プログラムを手にしたことを宣言する。そして，中国，日本，韓国，米国のリーダーたちがどのような反応をするか，見るつもりである」などである。

　それぞれのケースで，一方的な活動が行われ，反応が挑発されている。一方的な活動は，対立をより一層深刻なものにするリスクを高める。また，双方ともに過剰反応する傾向がある。なぜならば「相手の思惑」が不確かだからである。したがって，企業が利害関係者について持っている仮定が試されることになる。工場閉鎖を一方的に宣言した企業は，その工場で働いている従業員たちとの対立の可能性を増大させ，他の全ての工場においても同様の可能性を高めることになる。社内で，従業員に対して一方的な活動を行っている管理者は恐れられ，しばしば批判される。悪いニュースを話すことは簡単ではなく，対立を操作することは難しい。しかし，一方的な活動の利用は，事態をさらに悪化させることになる。対立や悪いニュースが取り除かれることはなく，したがって，私たちは，一方的な活動それ自体の説明を問うつもりなのである。

　利害関係者との取引を成功させるカギは，経営者が「双方に利益がある」解決策を考えることである。すなわち，特定のプログラムによって影響を受

ける関係者の多くが，勝者となることができる方法を考えることである。現実の世界では，勝者と敗者だけが存在するような状況はほとんどない。厳しい競争にさらされている市場においてさえ，ゲームに勝利して終わり，主要な競争相手が排除されてしまうなら，それ以上の楽しみはなくなってしまい，独占禁止法の訴訟を争わなくてはならなくなってしまう。対立のあるところでは，利益は部分的に相反しているが，当事者間にいくらかの利益の対立があるというだけで，利益に関する全面的かつ完全な対立状態にあるということにはならないのである。利益が一致している領域を見失ってはならない。利害関係者との相互作用に責任を負う立場の経営者は，どのようにしたら他の当事者も勝利することができるのかについて絶えず考えておかなければならない。利害関係者が支払っている「貨幣」は何だろうか。それは，暴露やメディアの関心を集めることかもしれない。あるいは，企業に変革を強いることかもしれない。これらの「貨幣」に関して，私たちは何かをなすことはできるだろうか。もし，可能であるならば，取引で成功するチャンスは大きくなる。戦略過程を策定することで展開してきた利害関係者論は，相互に満足させられる提案と応答を考案しようとする際に，非常に有益なものとなる。経営者が利害関係者を自分自身の利益に転換しようとする当然の傾向は，通常，それは経済性に関するものだが，回避されなければならないのである。

テクニック7：利害関係者に対する統合的な戦略の展開

　個々の利害関係者向けのプログラムは存在するが，これらのプログラムを合計したものが，企業にとっての望ましい方向を意味するわけではないだろう。多数の利害関係者を同時に満足させる方法を見つけることによって，多くの価値を創造することが可能になる。究極的には，利害関係者の利益は結合され，おおよそ同じ方向へと動かされ，導かれなければならない。消費者にとって良いことが，納入業者やコミュニティー，従業員，資金拠出者にと

って良いものとなる必要がある。

　この問題に取り組むには，二つの基本的な方法がある。第1は，個々の利害関係者向けに展開してきた行動，利益，そして戦略に共通性があるということである。それは，この章の前半のセクションで述べてきたテクニックのいくつかに遡れば良いだろう。もう一つの方法は，目的と価値規準についての質問に対する私たちの回答へと遡り，多数の利害関係者へ同時にアピールするような共通性を見出そうとすることで可能になる。あなたの会社がエンタープライズ・アプローチにおいて大きく進展していないならば，1番目の方法が最も有効であることは明らかである。価値規準や原則を明言することが十分に進展しているならば，そのときは2番目のアプローチが機能するだろう。

　XYZ社は，その成功を目指して，多数のブランドや製品を擁する消費財事業を展開している。これらの製品の開発に際して，広範に化学を利用しているが，それは厳しく規制もされている。同社がその業界の小さな企業を買収するかどうか決めなければならなかった際，多様な利害関係者に対する買収の影響は不確実なものであった。XYZ社は，製品の安全性に注意を払うということを含んだ明確なエンタープライズ・アプローチを採用した。同社は，買収対象企業の製品のいくつかが，法的には何の問題もないのだが，消費者の安全性の観点から問題があるということに気付いた。そして，エンタープライズ・アプローチに基づき熟慮し，XYZ社はその買収の中止を決定した。

　メルクの河川盲目症を治療するメクチザン開発もまた，多数の利害関係者を同時に満足させた戦略の事例である。その疾病に苦しむ人たちは貧しかったが，同社の過去の経営者が述べた「幸せは研究所から生まれてくるものだ」という言葉に基づき，メルクはその医薬品を無料で配布することを決めたのである。こうした「顧客」セグメントにおける利益を，従業員の利益と結びつくものだと見なすことによって，メルクは将来の価値を創造することができたのである。

バングラデシュのグラミン銀行は，小口融資業の先駆者としてよく知られている。同行は，貧しい人々が自らの小規模事業に資金を拠出し，やがては自立できるようになるために彼らに融資をしている。同行は自社の顧客と利害関係者のことをよく理解していて，簡単にコミュニケーションが取れるようになれば，顧客も利害関係者も利益を得ることができるだろうと考えるに至った。そこで，同行は子会社として電話会社を発足させ，主要な顧客に携帯電話を購入する資金を融資した。そして，融資を受けた人たちが，購入した携帯電話を他の人たちに順々に貸し出し，そうすることで，市場の拡大や，価格，供給の整備が可能となったのである。利害関係者の現実の行動を理解し，その利害関係者（そしてまた，その利害関係者にとっての利害関係者へと順々に）の日常生活を理解することによって，グラミン銀行は，顧客，コミュニティー，そして，他の利害関係者へと一斉に価値を創造するような事業を生み出すことができたのである。

　この章の目的は，ボブ・カリングウッドのような経営者が，企業の全体的な目的や価値基準を機能させつつ，より効果的に利害関係者志向の経営を遂行するための手がかりを与えることであった。個別の企業のエンタープライズ・アプローチが明確になればなるほど，この章で取り上げてきたいくつかのテクニックを用いることが容易になるのは明らかだろう。しかし，私たちが紹介してきたアプローチの最も重要な部分の一つには，議論の余地が残されている。すなわち，倫理的リーダーシップである。利害関係者志向の経営は，誰でも，また，どんな企業でもできることではない。それは，企業の意思決定のまさに中心に倫理を据えることについての義務を含意する。そして，経営者にとって，このことが意味するところは，倫理とリーダーシップは両立させなければならないということになるのである。

6
リーダーシップと利害関係者志向の経営

　ボブ・カリングウッドは，資料の入った包みをゆっくりと開け，数値の羅列と助言の欄を探した。その資料は，人事部の要請を受けて実施された年次の360度評価法によるボブの基礎評価データであった。その基本的な考え方は，ボブと他の経営幹部が，彼ら流のリーダーシップや指導力に対し，他の社員たちからの意見を取り入れるためのものであり，評価は誰でも本音を言えるよう匿名式であった。まずボブは，非生産的な作業だと知りつつも，誰が何と言ったのかつきとめようと20分間ほどデータを分析した。評価は全体的にかなり良かった。ボブは自分のチームを信頼している協力的な管理職である，と見られていた。ほとんど全員が自分はボブのために働くのをよしと感じていた。しかし他方で，ボブの要求がいかに高かったか，そしてボブが失敗に対しいかに寛容でなかったかについて，誰もが不平を訴えていた。わずかではあるが，自分たちは目の前の事態から決して逃げ出すことはなく，常に世界の趨勢を把握しようと努めていた，と言及しているものもあった。しかしながら，ボブが最もショックだったのは，ボブは自分自身の間違いをチームのメンバーが気づいたときには彼らに反論して欲しかったにもか

かわらず，彼のチームメンバーにはそのことが理解されていなかったことをその資料から見出したことだった。ボブが実行していると思っていたほどには透明性も率直性も高くはなかったのだ。この評価はとても大きな経営上のストレスとなることを暗示していたが，ボブは彼自身が何を為すべきであったかを理解していた。率直で正直なコミュニケーションがなければ，企業内政治や内輪もめが間違いなく忍び込み始める，ということをボブは確信していた。その結果，業績は悪化し，そして仕事に行くのが楽しくなくなるのだ。

ボブは，自社のエンタープライズ・アプローチ，価値観，目的，そして利害関係者を特定しながら，自分のチームが果たした役割について深く考える際，利害関係者中心の思考様式をリーダーシップに取り入れることの意味についても思い巡らすようになっていた。これこそ，リーダーの役割についての考え方の中心に倫理観や価値基準を置く思考なのではないだろうか。しかも，この考え方は，ボブが売れ筋のビジネス書で読んだり，最近参加したリーダーシップ・セミナーで聞いたりしてきたことからはかけ離れていた。ボブはリーダーとしての自分の役割について，新たな理想像を持たなければいけないことに気づいていた。

リーダーシップ：一般的な物語

ビジネスと経営の歴史において，「リーダーシップ」のコンセプトほど，論文や書籍に取り上げられ，白熱した議論を巻き起こし，そして，日常の会話に上るものはない。どの書店にも「Xから学ぶリーダーシップ」と題した本がたくさんある。Xとは，つまり，よく知られた歴史上の人物や，スポーツチームの監督，宗教上の人物，または政治的指導者である。スタートレックの登場人物から学ぶリーダーシップの本のように，架空の人物がリーダー役を担っている場合さえもある。リーダーシップは教えうるか，それとも天賦のものか，という議論や，ビジネス教育のカリキュラムでリーダーシ

ップ研修が意味を持つか否か，という議論など，リーダーの特徴については，長年にわたって研究者の間で議論が積み重ねられている。経営者はその義務から免がれることはない。文字通り，何千ものリーダーシップ・セミナーが存在し，経営者はリーダーシップ能力や潜在能力の向上を促される。彼らの多くは，リーダーシップ論の教祖的存在であるウォーレン・ベニスの「米国のビジネスは管理過剰でリード不足である」という明言にあるように，リーダーシップの向上を要求されている。

　すべての話題がリーダーシップについてであるにもかかわらず，リーダーシップの基本原理についてはほとんど合意がみられない。また，リーダーシップの理論やモデルは競合しているとさえ見える。この膨大な量のリーダーシップに関する書物を理解するために，そして，リーダーシップを利害関係者志向の経営の世界に適応させるために，いくつかの論点に注目する必要がある。

1. リーダーとフォロワーの関係
2. リーダーシップの背景
3. リーダーシップのプロセス

　多くのリーダーシップモデルや理論は，リーダーとフォロワーとの関係について注目している。実際，その考え方の核心は，フォロワーたちがリーダーを必要とし，またリーダーたちもフォロワーを必要とするというものである。多くのモデルや理論はリーダーたちの特徴や性質について考察しており，そのどれもがリーダーとフォロワーとを区別していた。この分野における学術的研究は，かなり明確である。つまり，リーダーの特質や特性に焦点を当てても，十分にリーダーとフォロワーとを区別できない。言い換えると，「特性アプローチ」または「偉大なリーダーアプローチ」は，たとえそのような話が洞察的でインスピレーションを与える筋書きを生み出すのに非常に役立つ場合があったとしても，あまり多くを示唆してはくれない。他の研究者たちは，リーダーとフォロワーの関係性の背景を調査している。仮にリーダーとフォロワーの特性を理解することが重要な意味を持たないとして

も，もしかしたら，彼らの関係性の背景または状況を理解することは役立つかもしれない。私たちは皆，たとえ優れたリーダーであっても，状況が変われば無能なリーダーになることを知っている。多くの理論とモデルは，リーダーシップの状況，背景，もしくは状況適合的モデルという形態で発展してきた。ただ「文脈」または「状況」の概念があまりにも広いという問題がここに存在する。あまりに多くの要因がありすぎ，そして，あまりに多くの相互作用がリーダーシップの特徴と共に存在する。

さらに最近の研究者たちは，リーダーはいかにフォロワーに深く関与させるか，リーダーはいかに他者を奮い立たせるか，そして，リーダーはいかに報酬を与えたり罰したりするか，など，まさしくリーダーシップのプロセス自体を研究し始めている。多くのモデルはこれらのプロセスに焦点を当て，そして，このような考えのいくつかを，リーダーシップ・スタイルまたはリーダーシップ能力に分類する非常に実用的なモデルへと展開させてきた。

リーダーシップの一般的な考え方に伴う三つの問題

本書では，これまでみてきたリーダーシップの一般的な考え方が以下のような三つの難問に悩まされるものであることを示唆したい。つまり，(1)倫理の問題，(2)権威の問題，そして (3)複雑さの問題，の三つである。では，それぞれについて簡単に見ていくことにしよう。

倫理の問題

倫理や価値基準は，一般的に，二つの方向性を持つリーダーシップ理論やモデルのうち，一つの方向に行きつく。第1は，私たちが「道徳観念を欠くリーダーシップ」と呼ぶ，倫理や価値基準はリーダーシップについて考える際に実にそぐわないとするものである。第2は，私たちが「価値基準に基づくリーダーシップ」と呼ぶ，リーダーとフォロワーの価値（特性の代わりに）にもっぱら関心を持つものである。両者のモデルとも，深刻な問題をか

かえている。

　リーダーシップについての主要な考えの一つは，リーダーがフォロワーに仕事を遂行させるということである。仕事を遂行させるうえでの効果は，彼らをリーダーとして評価する一部となる。こうした結果を出すという効果についての考えがリーダーシップの中心的特徴となるとき，リーダーシップは道徳観念を伴わないと考えられがちであり，そして，リーダーシップの手法ではなく効果にのみ関心が持たれやすい。ヒトラーとガンジーは，組織的成果を達成する点で非常に効果をあげた。しかし，2人の手法，プロセス，フォロワーとの関係，道徳的な原則，そしてフォロワーでない人々に対する配慮については，かなり異なっていた。単に，ヒトラーとガンジーがフォロワーに仕事を遂行させたからという理由で，両者とも偉大なリーダーであった，と言ってしまうと全くつまらなくなってしまう。それは倫理や価値基準といったものが最小化されているか，まさに存在しない，リーダーシップの見方でしかないからである。

　たとえ，より細かくリーダーとフォロワーの関係を調べ，それぞれの価値基準を検討したとしても，私たちがより幸せになるわけではない。ここでリーダーシップの中核に価値基準を置くこと，つまり，ある種の価値基準に基づくリーダーシップを考えてみよう。論点は，もしどのように成果が生じたかを理解したいと思うのであれば，リーダーとフォロワーの価値基準を理解しなければならない，ということである。そこで，私たちは，リーダーが正直で信頼に値し，敬意を払うべき対象であるかどうかチェックし（ここではあなたの嗜好による価値基準に基づくことができる），そして，成果を決定付ける際にこれらの価値基準が果たす役割を見出すことを期待する。リーダーは，良い価値基準もそうでないものも持っている。つまり，リーダーの価値基準にフォロワーの価値基準を合わせられるかどうかについて見ていく必要があるかもしれない。ジム・クーゼス，バリー・ポスナー，スティーブン・コヴィー，そしてウォーレン・ベニスといった人気のある研究者たちは，この見解をとっている。

問題は，倫理が置き去りにされるということである。たとえフォロワーによって共有されるとしても，リーダーの価値基準が良い価値基準であると，どのように決定するのか。ヒトラーと彼のフォロワーたちが共有した価値基準と，私たちがグローバルなビジネス環境において成功するのを支援できる持続可能な機関の設立に必要な価値基準とを区別するためには，何らかの批判的プロセスを必要とする。価値基準はこのプロセスの重要な部分ではあるが，時によって価値基準はすべてが重要とはかぎらず，また不明瞭でもある。世界にはいくつかのかなり無慈悲な価値基準が機能しているため，残酷さと抑圧を許容せずに，自由を促進し相互の自発的な合意を促すようなリーダーシップの考えが必要である。これこそ，資本主義と利害関係者志向の経営という私たちの考えの根底になくてはならない倫理原則と価値基準である。

　リーダーシップ研究者でありマッカーサー賞受賞者でもあるハワード・ガードナーは，この問題について昨今の事業環境に適用できる方法で論じた数少ない研究者の1人である。ガードナーは「リーダーシップだけに注目することは，不毛であり，そして不適当である。リーダーシップがサブテーマとなる大きなテーマは，グループ目的の遂行である」と主張している[1]。そして，グループ目的を達成するよう強いるものは，資源の入手可能性，基本的価値基準と目的に関する合意の程度，リーダーとフォロワーによって直面する状況，適応および刷新するための彼らの意欲，そして道徳と社会的一体性の問題を含んでいる。

　ガードナーは，「明らかに私たちの道徳的基準を越えている」リーダーのタイプを論じた[2]。まず，自己の目的のために自分のフォロワーを利用し，またフォロワーを残虐に扱うリーダーがいる。次に，倫理的方法で自分のフォロワーを扱うかもしれないがフォロワーに不正を促すリーダーもいる。あるリーダーは，幼少期において全権を有する親を必要とするというようなフォロワーの無意識を悪用し，フォロワーを依存状態にし子供のように扱う。リーダーの中には，私たちの偏狭さや憎悪の素質に訴えかけるものもいる。

極端にまで，こうした特徴を有するリーダーの例について考える際，これらのテーマが変化したものは比較的共通していることを忘れないようにすることが肝要である。

　不道徳なリーダーの評価は，リーダーだけのものではない。ガードナーは「（これらの状況の）すべてにおいて，……リーダーこそ諸悪の根源であると自分たちに言い聞かせることはたやすい。しかし，リーダーは決して唯一の原因因子でない。ある程度，導かれた協力者がいつも存在する。もしリーダーが私たちの貪欲や憎悪を悪用することによって君臨するならば，邪心は私たちの中にも存在するのだ」と述べている[3]。この指摘は，リーダーシップについての一般的な考えに関する第2の問題「権威の問題」へと私たちを導く。

権威の問題

　リーダーシップをとるべき地位にある経営者の多くは，巧妙であるがゆえに彼ら自身すら気づいていない問題を抱えている。その問題とは，まさしくリーダーシップそのものについての考えが，不正に操作されうるということである。ゲームは予め仕組まれている。フォロワーはリーダーの権威によって自然に支配される。フォロワーは，ほとんどの場合，それが何であろうが構わずリーダーの指示通りに動く。仲間からの圧力は，さらなる強い力として作用する。

　スタンレー・ミルグラム，フィリップ・ジンバルド，そして他の社会心理学者は，いかに権力関係が作用するかについて研究を行ってきた。ある歴史的な背景を有する実験で，ミルグラムは，何ら利害関係のない状況において，50%以上の人々が権威的存在によって追い立てられ，無実の人に痛みを伴う電気ショックを与えたことを提示した。ミルグラムは，人々の初期設定のスイッチが利害関係のない状況においてでさえも権威に従うよう準備されていることを実証した。ミルグラムの実験結果に続き，ジンバルドは，有名な刑務所実験を行った。ジンバルドはその実験において，人々は関与してい

る社会的役割を演じる，ということを実証した。被験者グループに対し，何人かは囚人に，そして，何人かは看守となるよう指示し，文字通りの刑務所の状況を作り上げた。初期設定のスイッチが，権威に従い，リーダーによって期待された役割を演じるようになっていた。

　経営者の多くは，権威の問題に陥る。それは，社会心理学的な服従，同僚からの圧力，そして，私たちが言われたことをするという社会化という社会心理学的な力学の問題である。人々は，自分たちの上司が合法的権威を持つ人物であると認知したとき，他の条件が同じなら，単純に自分たちが言われたことを行う。リーダーの地位は，フォロワーに行動を命じるに十分なものである。多くのリーダーたちは，自分たちの部下がリーダーの提案を実行することと，リーダー個人としての才能や価値観，さらには指導力とは無関係である，という事実を認識していない。リーダーの権威ゆえ，人々はリーダーが提案することを行うのである。

　1980年代に存在したディスクドライブメーカーのミニスクライブ事件では，製品の納入が間に合わず従業員がレンガを段ボール箱に詰めてディスクドライブとして出荷していた。エクイティ・ファンディング（＝1960～70年代の米国の金融コングロマリット［訳者注］）の事件では，従業員が保険契約者の新たな本人確認の条件を考案し保険再販売の詐欺を広めた。どこの会社でも，従業員は価値破壊的な指示に従い実行している。そして，従業員はしばしば，どう為されるべきであったかにかかわらず，絶対的な指示として，数値を達成するためや結果を出すために行った，と動機を説明する。一体誰がエルサレムの裁判でのアドルフ・アイヒマンの抗弁を忘れることができるだろうか。アイヒマンはただ命令に従い，自分の仕事を行っただけだと抗弁したのである。

　リーダーシップに関するハワード・ガードナーの見解は「選択によるリーダー」である[4]。ガードナーは，いつフォロワーが実質的に従うことを選択するのかということこそ唯一の興味深い見方である，と断言している。つまり，フォロワーは選択肢についての十分な知識がなければならず，少なくと

もその選択肢には選択の自由がある、ということである。ビジネスにおけるリーダーシップに関する考えは、大きな意味を含んでいる。私たちは、職場の権威に大きく依存している。まさしく「上司」や「CEO」といった発想こそが権威構造を起動させ、部下またはフォロワーは上司の言うことを行う、という確信を生み出すのである。

リーダーたちは、リーダーシップの中心に倫理観や価値基準を組み入れる方法を理解しなければならないだけでなく、フォロワーがリーダーに従う際、誠実な選択に従うことができるような状況を作り出さねばならない。このことは、リーダーシップの伝統的概念の第3の問題を生み出す。つまり、人間行動の全範囲の理解についての問題である。

複雑さの問題

ビジネスにおける人間行動についての大部分の理解は、いかに、そして、なぜ人間は価値創造のプロセスにおいて互いに影響し合うのか、という時代遅れのモデルに基づいている。思考実験を想起する最良の方法は、今は亡き経営心理学者であり分析者でもあったハリー・レビンソンによって提議された。レビンソンは、企業の役員たちや研究者たちが組織における人々の行動について語る際に用いる、インセンティブ、報酬、懲罰、動機づけ、そして、その他の用語の使用について考察した。ニンジンと棒について考えてみよう（＝いわゆる「飴と鞭」の意［訳者注］）。図6.1のようにまず、心の中の白紙の端にニンジンを、そして反対側に棒を描いてみよう。続いて、レビンソンが、この絵の真ん中にどんな動物が自然に当てはまるか想像するよう問いかける。答えの大半はロバである。というのも私たちは、ロバを前に進ませるためには、ニンジン（インセンティブ）で釣って、後ろからは棒（懲罰）で叩かれなければならない、ということを知っているからである。

レビンソンの観察によると、実際のところ人間とロバは全く異なる種である[5]。人間はかなり複雑な心理状態や、理解しにくい身体的、感情的、道徳的、精神的な性質を持っている。事実、人間は動物とは非常に異なるのだ

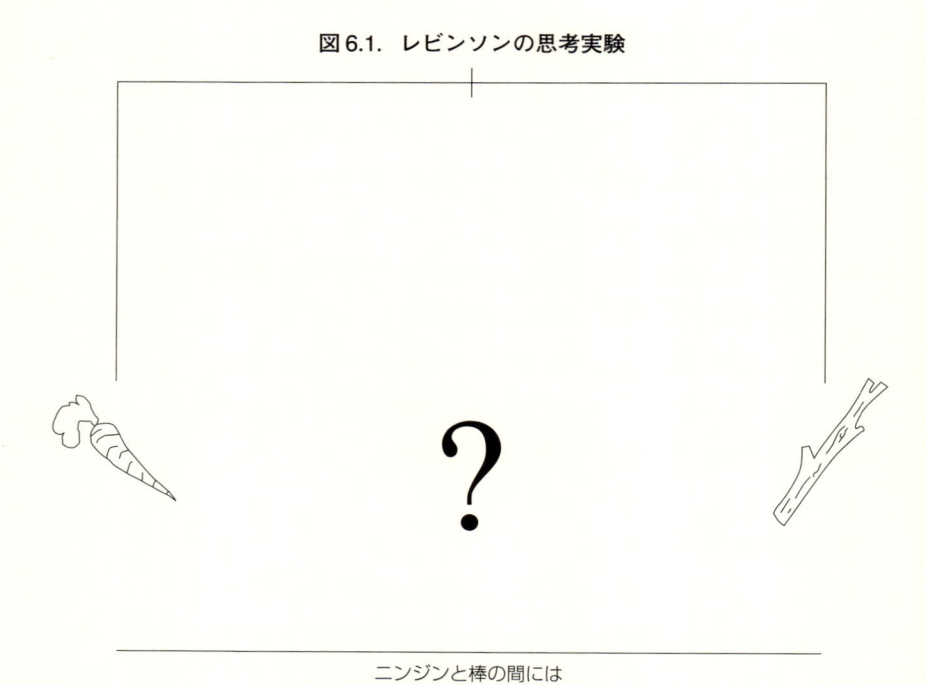

6 リーダーシップと利害関係者志向の経営

図 6.1. レビンソンの思考実験

ニンジンと棒の間には
どんな動物がいるのだろうか？

が，仮に，ロバのための組織作りを設計するならば被りうる損失について想像してみよう。人間をロバのように扱うならば，人間はまさに言う事をきかない動物のように振る舞い始めるかもしれないと気づけば，問題意識は深まるであろう。

　この問題について考えるもう一つの方法がある。セオリー I と呼ぶ人間を動かせる理論があるとしよう。図 6.2 の中で表されるセオリー I は，人の行動を説明する最も重要な要素こそ，人々が作用していると信じているインセンティブであることを示唆している。もしセオリー I を信じるならば，人々のためのインセンティブを確立するために，どのようにインセンティブが結果や行動に直接結びつくかを考え，そして，これらのインセンティブに有効な一連の報酬と懲罰を精巧に考案することに多く時間を費やすことになろ

図6.2. セオリーⅠとセオリーⅤ

インセンティブ推進型行動：セオリーⅠ

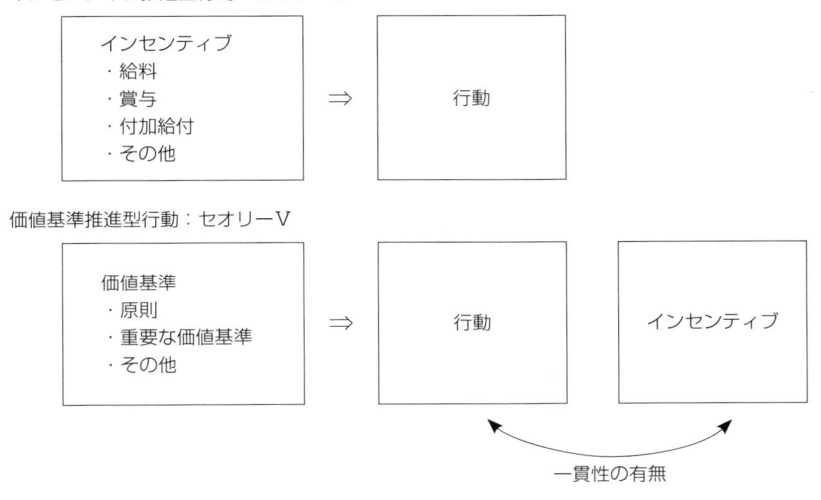

```
インセンティブ
 ・給料
 ・賞与          ⇒    行動
 ・付加給付
 ・その他
```

価値基準推進型行動：セオリーⅤ

```
価値基準
 ・原則                        
 ・重要な価値基準  ⇒   行動   インセンティブ
 ・その他
```

　　　　　　　　　　　　　　　↔
　　　　　　　　　　　　　一貫性の有無

う。実際，セオリーⅠは，多くの企業において人的資源管理を推進させている。

　人々を動かすことに関する，別の理論を検討してみよう。その理論をセオリーⅤと呼ぶことにする。図6.2の中で表されるセオリーⅤは，人が行動するための動機は，価値基準，つまり最も重要な原則，理念，関係性，そして，自身の中にある善なるものである，ということを示している。もちろん，報酬や懲罰も役に立つであろう。しかし，間違った行動を誘発せず，また，正しい行動は報われるがそれは過程の余効として生じると理解することが重要である。インセンティブは主要な推進力ではない。セオリーⅤが正しいならば，企業のリーダーたちは，自分たちの会社の目的，価値基準，そして，利害関係者のための価値創出を求める原則を通して考えることに多くの時間を費やすべきである。さらに，これらの価値観が社会的に許容され，もしくは社会的変革を意味するかどうかについても考慮しなければならない。つまり，リーダーたちは本書でエンタープライズ・アプローチと呼んでいる手法を採用すべきなのだ。

複雑さの問題を理解するための重要な論点は，私たちがセオリー I またはセオリー V が正しいということを知っているということでなく，リーダーとして，人々がなぜそうしようとするのかということについて，自分の見方を熟慮することである。あなたがもしセオリー I のリーダーであるならば，間違いを犯したときのコストについて考える必要がある。もしあなたがセオリー V のリーダーであるならば，インセンティブは重要であるが，プロセスの後方（報酬と懲罰）を前方（価値基準と原則）に繋げることの重要性を過小評価するかもしれない。いずれにせよ，あなたは倫理の問題についての明確な態度を表明することを避けることができない。人々をロバとみなすことは，私たちの同胞である人間の本質に関する一つの倫理的態度を示している。同様に，人々を複雑で経済的，感情的，性的，精神的，そして，政治的な存在とみなすことは，人間らしさの性質に関する一つの倫理的態度を示している。

要約すると，倫理の問題，権威の問題，そして複雑さの問題は，リーダーシップについてのいくつかの新しい考察が必要であることを示唆している。これらの新たな考察は，リーダーシップの考え方のまさに中心に倫理に対する関心を置くことを要求している。

倫理的リーダーシップの考え方

ウィル・ミラーは，企業の CEO としては珍しいタイプの人物である。ミラーには，「利害関係者すべてのための優れた価値創造」という自社の，すなわち，アーウィン・ファイナンシャルの目的について躊躇なく語ってくれた。ミラーに対し，彼自身がその任期中，指揮者として直面してきたいくつかの難問について聞けば，ビジネスに対し正しいことを行おうとする情熱を抱いているミラーの熱意に心打たれる者もいるだろう。ミラーは，けっしてコンフリクトとは捉えない。彼は，自分がかつて下さなければならなかった非常に困難な意思決定について，当時，「今後 25 年先であっても，私はこの

意思決定を行うだろうか」と明確に自問自答することこそが正しい問題意識であると理解していた，と語った[6]。

利害関係者志向の経営に明確に関与していることを示すものが，アーウィンの指針となる哲学である。アーウィンの人々は，利害関係者はアーウィンに対し多くの望みを持っており，当然，時として利害関係者のニーズは互いに衝突すると考えている。そうは言っても，アーウィンの利害関係者はアーウィンと係わることを自発的に選択するので，アーウィンの人々はこの関係性のバランスを保ち，そして，短期的に為されなければならないどんなトレードオフでも絶えず改善する責任を持つよう努めている。ミラーや他の役員たちによって明瞭に述べられたアーウィンの使命は，「今日も明日も，倫理観と卓越性を通して，最高の金融サービス企業であれ」，というものである。このウィル・ミラーとアーウィンのケースは，相反する利害関係者の要求で満ち溢れた世界でいかにリードするかについて，いくつかの教訓を与えてくれる。

私たちの経験では，倫理的リーダーシップは多くの経営者の共感を呼ぶものと考えている。経営者は実効的でありたいと考えており，また，彼らが関わるすべての生活のために価値を創造することによって，世界をより良くしたいと望んでいる。本書では，いくつかの異なる局面に沿って倫理的リーダーシップについての考えを詳しく述べようとしている。

まず，道徳的に認められるリーダーについてのハワード・ガードナーの考えに戻ってみよう。こうしたリーダーには，最低限，以下の目標がなければならない。

1. 構成員の人間的な潜在能力を解放すること
2. 個人とコミュニティーまたは組織のニーズとのバランスを取ること
3. コミュニティーまたは組織の根源的な価値基準を守ること
4. 個人に自発性と責任の感覚を吹き込むこと

リーダーシップは，特に大きなグローバル組織において，リーダーとフォロワーの関係以外についても問われる。リーダーは，大きな組織の，より非

人間的な側面について，何らかを排除するか減少させるかに努めなければならない。ガードナーによれば，リーダーシップの重要な任務とは，組織の物理的規模と統制，活力，創造性との間における避けがたい葛藤を緩和する方策を講じることである。職務再設計，自律的作業集団，業績評価の仕組みなどは，組織の構成員が自分たちの仕事に意味を見出すことができるようにするために用いられなければならない。ガードナーは，これらのリーダーシップの任務について，組織的効果を強化するための一つの手段としてではなく，むしろ組織の道徳的な社風の安定性を向上させる方法として特徴づけている。

さらにガードナーは，組織のためのビジョン設定におけるリーダーの役割を強調する。この基本となる任務においてさえ，私たちはリーダーシップと価値基準を切り離すことはできない。つまり，「昨今のリーダーたちは，リーダーが新しいビジョンを進んで提供してくれるだろうという期待をよく理解している。しかし，それは新しいビジョンを一からでっち上げるというものではない。今日の私たちにとって関連しているビジョンは，人間の歴史や私たち自身の伝統に深く埋め込まれている価値基準の上に成り立っている。私たちがビジョンを構築する要素は，現在および遠い過去における，人類の道徳的な諸努力であろう[7]」。

本書では，倫理的リーダーやリーダーシップの倫理論の見解を提示するために，ガードナーやその他の人たちの考えに依拠することとする。この見地からは，少なくとも暗黙のうちに行われる道徳的あるいは価値的な判断無しにリーダーシップについて語ることはできない。倫理や価値基準は，リーダーシップの技術やプロセスと同様に，リーダーとフォロワーの関係や，リーダーシップの文脈などの私たちの理念に浸透している。フォロワーは判断と選択を行い，自らの希望と夢をリーダーに投影し，そして説明責任はリーダーたちにある（または，ない）ととらえている。倫理的リーダーシップの状況は，道徳的な意味づけとともに成熟し，そのような文脈上の要因がどのように構成されたかに依存する。リーダーシップのプロセスはそこから生じた

結果とは無縁でありえないことから、道徳的に中立と見なされえない。

また、倫理的リーダーシップは、単に誰かをリーダーと呼ぶことによって、その誰かに与えられる社会的正当性（そして、それゆえに暗黙の価値判断となる）に注目する。したがって、倫理的な判断なしにリーダーシップに関する理念を述べることはできないのである。政治分野と同様に企業においてもリーダーが正当的であるとすれば、社会的正当性はリーダーが倫理的見地から行動しているという発想から始まる。

倫理的リーダーシップの諸原則

本書では、中核的な一連の諸原則や経営者の一連の実践的行動において、倫理的リーダーシップについての考えを詳しく述べようとしている。倫理的リーダーシップの中核的原則とは何だろうか。

リーダーの原則

リーダーは、何よりもまず、自分自身の組織と利害関係者グループの一員である。そのため、自分の行動、目的、そしてコミュニケーション自体が、利害関係者のグループ全体にとっての利益となる。

構成員の原則

リーダーは、共通の目的や夢のためにフォロワー以上に利害関係者をも自分たちの構成員であるとみなす。構成員は、道徳的なコミュニティー維持のために、尊重するに足る個性や自主性を兼ね備えている。

成果の原則

リーダーは、倫理的な理想への想像力の範囲内で、組織の目的と価値基準や構成員の目的と価値基準を具現化する。リーダーは、基本的な価値命題を利害関係者の支援や社会的正当性と結びつける。リーダーは、組織の目的を

内部の個人や外部の構成員の目的と結びつける。

プロセス／技能の原則

リーダーは，率直な双方向の話し合いを持つよう努める。そして，それによってリーダーと構成員の異なる見方，価値と意見の寛容的な理解を維持する。リーダーは，他者の意見や考えを自由に受け入れる。

状況／文脈の原則

リーダーは，特定の価値基準や倫理原則は，ある一定の活動範囲内において役に立つとみなす。リーダーは，その活動範囲の境界や知識の限界を越えて困難な意思決定を下すために，道徳的な想像力を用いる[8]。

倫理の原則

リーダーは，倫理的な言葉を用いて行動と目的を組み立てる。リーダーは倫理なしにリーダーシップに通じることは無く，むしろ自分自身の行動における品格，信条，そして態度と同様に，帰結，原則，権利の点からも考える。リーダーは，自分の行動が他者に及ぼす影響に対して責任をとる。

倫理的リーダーシップの任務

今日のような乱気流の世界で，経営を行い価値創造のプロセスを導くことに自分の時間とエネルギーを捧げなければならない経営者のために，前節の倫理的リーダーシップの諸原則についての分析をいくつかの具体的な任務にまとめるとしよう。倫理と価値基準が多くのレベルにおいて存在しているようなプロセスがあるという考え方がある。実際は，ビジネスを倫理から切り離すことはできないし，切り離してはならないという考えが利害関係者志向の経営の背後にあるため，どの任務が倫理上のものであり，またビジネス上のものであるかを分けようとすることは不誠実であろう。倫理的リーダーシ

ップは，リーダー自身の価値基準や倫理について率直であり，リーダーの価値基準を取り入れやすくさせる。

　以下に示す一連の任務は，過去 25 年間にわたる多数の企業役員や学生たちとの会話や観察，そして，一般向けおよび学術向けのビジネス文献に基づいている。しかし，これはあくまでも暫定的で改訂可能なものとしてとらえなければいけない。この一連の任務は，リーダーとしての大局的見地から前述の倫理的リーダーシップの諸原則を取り入れて行動し，そして倫理的リーダーシップを具現化すべきことである。また，このリーダーの任務は，倫理的リーダーがどのように倫理的リーダーシップの各側面に対処するかについて示すべく，規範的モデルというレンズを通して列挙されている。

　倫理的リーダーは，組織の目的と価値基準を明確に示し具体化する。リーダーが，非常に説得力があり道徳に満ち溢れた物語を話すことは重要であるが，倫理的リーダーはまた，当事者となってその物語を具現化しなければならない。これは，昨今の，まるで金魚鉢の中にいるように大衆に晒されたビジネス環境では，困難な任務である。多くの政治的リーダーたちは，彼らが選挙の際に語る高潔な物語を具現化することができないでいる。そして，最近の企業の指導者たちも，数多くのスキャンダルと素行の悪さが露呈し，同様に批判の的となっている。今日の企業の CEO たちは，社会のすべてにおいて，真の倫理的ロールモデル的存在なのである。シティグループでは日本における 2004 年の一連の非倫理的な活動の後，CEO のチャック・プリンスは数人の役員を解雇し，公に責任を認め，そして，日本の政府関係者に頭を下げて謝罪した[9]。プリンスのメッセージは，日本国内の人々を共鳴させただけでなく，シティグループの企業文化の枠内での責任の共有という新しい時代のきっかけとなった。シティグループでは，すべての従業員が，企業全体に影響を及ぼす自分たちの意思決定に対しオーナーシップを持つことが期待されていた。

　倫理的リーダーは，個人の自我よりもむしろ組織の成功に焦点を合わせる。倫理的リーダーは，構成員と利害関係者のより大きなネットワークの中

で，互いの立ち位置を理解する。それは，個人としてのリーダーについてではなく，もっと大きな何かである。つまり，組織の目標とか夢についてである。また，倫理的リーダーは，組織における人々の成功に内在する価値を認識している。ペプシコの前会長およびCEOであったロジャー・エンリコは，1998年に，彼が会社の現場の従業員たちに対していかに価値を置いているかを大胆な姿勢で示した。彼は，まず自分の俸給を1ドルとすることを選び，その代わりに，従業員の子供たちのために100万ドルを育英資金に寄付するようペプシコに要請した[10]。同様の方法で，ジェットブルーの創設者たちは，従業員による寄付金と合わせて自分たちの俸給からも慈善金拠出するマッチングギフトを開始した。今では，すべての寄付金はジェットブルー乗務員非常事態対応計画の慈善金となり，そして，保険によってカバーされない危機を伴うスタッフを支援している[11]。これらの事例のポイントは，倫理的リーダーが自分たちの棒給を慈善団体に寄付することにあるのではなく，むしろ，倫理的リーダーは，従業員の忠誠心のように，組織を成功へと導くものを特定し，手段を講じることにある。

倫理的リーダーは，最善の人材を見出し育成する。これは，それぞれ異なるリーダーシップモデルにおいて，かなり標準的な任務である。倫理的リーダーは，最良の人材を見出し，育成することに特別の注意を払う。なぜなら，リーダーたちは人材育成を道徳的な義務とみなしており，この責務こそ彼ら自身そして他者のためにより多くの価値を生み出し，より良い生活を導く助けとなるからである。最良の人材を見出すためには，その選択過程において倫理と品格を考慮に入れることが必要である。多くのCEOたちが，誰かの誠実さを審査することは，その誰かの経験や技術を評価することよりもはるかに重要である，と私たちに語っている。それにもかかわらず，多くの組織において誠実さの問題はほとんど考慮されず，とりわけ技術の必要性を満たすために従業員は雇われている。

倫理的リーダーは，命ある利害関係者のための倫理，価値基準，そして，価値創造について話し合いを行う。企業の役員たちは，価値観が記されたラ

ミネート加工のカードを財布の中に入れていたり，純粋に倫理への遵守アプローチを心掛けたりすることで，倫理的問題を解決していると思いがちである。あえて言うならば，エンロンやその他の窮地に陥った企業にはこれらのシステムがあった。これらの企業に足りなかったものは，定期的に議論し討議された価値創造の基本や利害関係者原則，そして社会的期待に関する企業のすべてのレベルにおける対話であった。価値基準や倫理といったものは軟弱で感傷的である，という誤った考えがある。それはとんでもない考えである。倫理や価値基準について有効な会話をする組織において，従業員たちは互いに，実際に価値基準を持ち合わせているかどうかについての責任や説明能力があると考えている。従業員たちは組織のリーダーに対しても同様に考えている。このように対話を日常に取り入れるということは，人々には選択肢についての知識がなければならないことを意味する。そして，従業員たちは組織とその目的と共にあるために毎日選択をしなければならない。というのも，それこそが重要であり，従業員たちを動機づけるからである。対話を日常に取り入れることにしっかりと積極的に関与することは，人を倫理的に導くために重要である。

　ほとんどの人々は，ジョンソン・エンド・ジョンソンの元CEOジム・バークの物語や，彼が1980年代に短期間に多大な費用をもってタイレノール製品をリコールし，事故の恐れのある商品すべてを小売店の棚から撤去したことによって，市場の信頼を損なわずに済んだ出来事を知っているであろう。その背景には，ジョンソン・エンド・ジョンソンが世界中で一連のチャレンジミーティングを開き，そこで，管理者たちが，同社の目的と原則の声明である，「我が信条」について討議しているという事実がある。ジョンソン・エンド・ジョンソンでの倫理についての話し合いは活発で，いろいろな意味で，別の方法よりも明確にジム・バークにその状況下での対応を選択させたのである。

　倫理的リーダーは，異議を唱えられる仕組みを構築する。たいていの企業の役員たちは，自分たちの職権によってどれくらい自分たちが強力な存在か

について理解していない。前述したように，権威に関する研究では，以前から，人々はほとんど常に，たとえ不服従に対する代償がないとしても，正当な権威であると理解したものには従ってしまうものであるということが示されている。この権威の罠を避けるためには，もし誰かが，特定の市場，領域，または内部のプロセスが適切でないと気づいたとき，明確に認められた抵抗するための手段を持っていることが重要である。これは倫理への遵守アプローチを越える必要がある。ある企業は，大きな組織において避けがたい障害となる管理者を通すことなく，従業員に対し，電子メールや電話により匿名の連絡手段を用いることができる方法を与えた。また，企業の役員たちの多くは，管理階層を越えて行う「スキップ・レベル」という会合を利用した。それは，役員たちが実際に起こっていることをもっと現実的に見ることができるよう，組織の様々な階層に出向いて行われる。GEの「ワークアウト」と呼ばれる有名なプロセスは，労働者がいかに問題を解決し，会社をより良くするかを決めるために集まることを認め，最前線の従業員が確立された経営の方針と権威に抵抗するための方法である。これらすべてのプロセスは，より良い意思決定，従業員のさらなる関与，そして，間違いを避ける可能性を高めることになる。

　真剣に自社の目的または価値基準を受け止める会社においては，価値基準が陳腐化し機能しなくなることを避けるために反対する仕組みがなければならない。実際，従業員が会社で自分たちのリーダーや他の人々の何らかの行動についての不満を表明するための創意に富んだ方法がありさえすれば，最近の企業不祥事の多くは防ぐことができたであろう。このような異議を唱える仕組みを展開するプロセスは，会社によって，リーダーシップ・スタイルによって，そして，文化によって様々であるが，その展開は，今日の実業界における価値創造のためにも重要なリーダーシップの任務である。

　倫理的リーダーは，他者の価値基準に対して寛容な理解に努める。倫理的リーダーは，様々な人が異なる選択をする理由について理解することができ，そしてどのような理由でどう行動するかについても，しっかりと把握す

ることができる。ネルソン・マンデラは、27年間の南アフリカ共和国の刑務所生活を経てもなお、当時の看守の中に善を認めることができた。特に意地の悪い看守の1人がマンデラの抗議と抵抗によりロベン島から異動させられた際、その看守がマンデラの方を向いて「私はただあなた方の幸運を祈りたいと思います」と述べた[12]。マンデラはこの発言を、悪魔のシステムに捕らわれた人々でさえ、すべての人々が自分の中に善を持っていることの証拠である、と寛大に解釈した。マンデラは、人々の中にこの善を認め、その善を引き出すようにすることが自分の責務であると感じた。あるCEOは、倫理的リーダーシップを人々が間違ったことをするのを防ぐものとみなす代わりに、正しいことをすることを可能にするものとして捉える必要がある、と提案した。

倫理的リーダーは、想像力を用いて苦渋の決断を下す。 倫理的リーダーは、企業戦略や基本的な価値命題の見直しから従業員の個々の人事に関する意思決定にいたるまで、必然的に、あらゆる困難な意思決定をしなければならない。倫理的リーダーは、「私はビジネスのためにこれをやっているのだ」といった弁解をもって困難な意思決定を避けようとはしない。倫理的リーダーは、一貫して「正しいことをすること」と「企業にとって正しいことをすること」を両立させる。

倫理的リーダーシップはただ立派な存在である、という考えは真実からほど遠い。「道徳的な想像力」を頻繁に行使することは最も重要な任務である[13]。ムハマド・ユヌスはこのような道徳的想像力に基づきグラミン銀行を創設した[14]。5人の互助グループに所属する人々に対し貸付だけの一般的な銀行業務行い、そのグループ長に返済させるという仕組みによって、ユヌスは貧しい人のための小口融資業を創出したのだ。貧困は博物館に展示されるべきだ、というのがグラミン銀行のモットーである。グラミン銀行は、銀行業界で最も高いローン返済率に加え、事業を始めるバングラデシュの貧しい女性向けの貸付プログラムにより、彼女たち自身で数百万人を養うことを可能にした。

このようなリーダーシップは，多くの場合，組織のトップレベルのCEOと取締役会においてもそうであるように，組織の集団内部で発揮することができる。数年前，ある大手化学会社の会長は，工場の廃棄物を削減するため新しく厳しい取り組みを全社的に実施した[15]。会長は，そこの技術者たちがこのような要求を満たすことはできないと主張している工場を訪問した。会長は，要求を満たせないのであれば，その工場を閉鎖しなければならず，閉鎖によって何百人もの職を奪うことになると返答した。その数週間後，工場の技術者たちは，会社の要求をどうやって満たすか，そしてどのようにコスト削減するかについて理解することができたと会長に報告した。私たちは，会社の要求を満たす方法を決定するために多大の時間を費やした工場の技術者たちの名前を知ることはないが，彼らのリーダーシップと想像力の成果を目の当たりにする。

　倫理的リーダーは，自分たちの価値基準と倫理原則の限界を知る。すべての価値基準には，他のものと同じようには機能しないような特定の範囲を伴う限界がある。例えば，特定の価値基準の限界は，それらが用いられている文脈や聞き手に関するものかもしれない。倫理的リーダーは，自分たちの価値基準の限界について鋭い感覚を持っている。それらは，選択した行動指針を主張するための確固たる理由をもって準備されたものである。問題は，経営者が特定の価値基準の限界を理解していないときに生じる。たとえば，最近のスキャンダルのすべてに共通する問題は，その経営者や役員が株主を優先することの限界を理解していなかったことである。顧客やその他の利害関係者のための持続的な価値を創造することなしに，人為的に株価を高値に保とうとすることは，良い判断というよりもむしろ狂信的行為に近い。倫理は，私たちの生活の他のどの一部とも少しも異ならない。つまり，良い判断，堅実なアドバイス，実践感覚，そして私たちの行動によって影響を受ける人々との話し合いに代替されるものはない。

　倫理的リーダーは，倫理的な言葉で行動を組み立てる。倫理的リーダーは，自分のリーダーシップを完全に倫理的仕事とみなしている。これは，真

剣に他者の権利要求を受け止めることを伴っており，他者（利害関係者）に及ぼすリーダーの行動の影響を考慮すること，そして，どのような特定の方法による行動や指揮が，自分の性格や他者の性格に影響を及ぼすかについての理解を伴う。倫理的リーダーに関して不道徳なものは何も無い。また彼らは，たまに自分自身の価値基準は不十分な道標になるかもしれないことをも認識している。

倫理的リーダーは，堅実な道徳的判断をする責任を負っているが，それには注意が必要である。行動を倫理的な言葉の枠にあてはめ，公正であるように認めさせることは簡単である。多くの人が倫理は普遍的であり，石に彫り込まれた不可侵の原則であると考えている。私たちは原則と価値基準から始める必要がある。そして，いかにその原則と価値基準を今日の複雑でグローバルなビジネス環境にあてはめることができるかを解き明かすために苦心するのである。多くの場合，原則，価値基準，文化，そして個人差は対立する。倫理的リーダーシップは，公正よりもむしろ謙虚な態度を必要とする。つまり，リーダー自身の信念に積極的に関与すると同時に，異なる世界観を持っている他者から学び話し合うことに対しての寛大さが必要である。倫理は，私たちやビジネスにとって最も重要である価値や問題についての隠し立てのない話し合いと見なすのが最適である。それは，私たち自身の原則と価値基準の絶え間ない発見と再確認であり，私たちが新たな考えに直面することで向上できるという認識である。

倫理的リーダーは，基本的な価値命題を利害関係者支援や社会的正当性と結びつける。倫理的リーダーは，倫理とビジネスを切り離すことなく，エンタープライズ戦略の観点から思考しなければならない。企業の基本的な存在理由を，価値形成の方法や社会的期待と関連づけることは，壮大な任務である。しかし，倫理的リーダーは決して「とにかくビジネスだからだ」との弁解を隠れ蓑にはしない。

ウォルマートのCEOリー・スコットは，いくつかの団体から激しい反対があったにもかかわらず，2004年前半に新規店舗をウエストサイドシカゴ

地域に建設するための承認を勝ち取った。新規店舗導入が生み出す価値によって最も恩恵を被る利害関係者に対し，彼らの話をよく聞き，深く関わったからである[16]。ウォルマートは，黒人コミュニティーのリーダーと提携し，実際に仕事と店舗の需要があった町の地域におけるコミュニティーの要求に訴えたのである。最終的には，コミュニティーの支援者は，ウォルマートが市議会の承認を得ることで許可した。ウォルマートはまた，設備を作り，いずれは地域のコミュニティーから大部分の店の従業員を雇うために，マイノリティの下請け業者を求めることを約束した。

倫理的リーダーシップは，達成すべき水準を引きあげ，人々が希望と夢を実現することを支援し，利害関係者のために価値を創造し，そして「倫理」に伴う緊張感と重要性をもってこれらの任務を遂行しようとしている。そうは言っても，倫理的リーダーには，過ちに対するユーモアのための，そして，最近のリーダーに欠けがちな慈悲のための余裕がなければならない。倫理的リーダーは，自分自身のために便益を得つつも世界をより良い場所としながら，自分の人生を送っている普通の人々である。そして倫理的リーダーは，私たちは何者か，何になることができるか，いかに生きるか，いかによりよく生きることができるか，といった私たちのアイデンティティについて語る人々でもある。

倫理的リーダーになるために

これまで私たちは，倫理的リーダーの範疇に入れることのできる多くの経営者と知り合う機会を持つことができた。こうした人たちが共通して持っているものは，高尚で深い洞察力に溢れた倫理原則や価値基準に対する感覚であり，そしてリーダーシップの根幹にある彼らの品性である。倫理的リーダーたちは，自分たちの仕事は他者をより良くし，そして自身の希望と夢を追い求めることは可能であるとみなしている。倫理的リーダーたちは，複雑な組織や社会において，フォロワーに仕事を成し遂げさせることができる。だ

が，リーダーたちがフォロワーとの関係性を満たし，フォロワーを導く際に用いる技術やプロセス，文脈の分析，そしてリーダー自身の自己認識こそがリーダーの倫理的な核心である。

倫理的リーダーになることは，本来は非常に簡単なことである。つまりそれは，自分自身の行動，価値基準，そして自分自身同様に，他者に及ぼす自己の行為の影響に対する責任を引き受けるための熱心さについて観察するよう積極的に努めることである。

もし利害関係者志向の経営が，今日の実業界において有用性を持ち合わせているのであれば，このような責任原則こそ必須の要素であろう。企業が株主価値だけを目的とするものであるならば，株主に対する責任以外，他の責任はありえなくなる。その他の，自分たちの行為によって及ぼされる，顧客，納入業者，従業員，コミュニティー，そして他の利害関係者に対するすべての影響はどうであろうか。

倫理的リーダーになることは，以下に述べる一連の質問に取り組むほど簡単ではないかもしれないが，さほど難しいものでもない。まず自分自身のために以下の質問を付言することによって，他の多くの可能性に気づくだろう。

1. 私の最も重要な価値基準および原則は何か。
2. 私の予定表は，いかに時間と注意を払い，これらの価値基準を反映しているか。
3. 私の部下や同僚は，私の価値基準に対して何と言うだろうか。
4. 私は，私のために働いてくれる人々が私の権威に対して反対できることを保障するために，どのような仕組みやプロセスを構築したか。
5. この組織は，どのように私を退職させる，もしくは倫理的な理由で退職を促すことができるか。
6. 私がリーダーシップを用いて達成したいことは何か。
7. 私が会社を去るときに，私のリーダーシップについて会社の人々にどう評価されたいか。

8. 私は，就業後に帰宅し，子供たち（または配偶者）に私自身のリーダーシップについて語り，倫理的なリーダーになることを家族に教えるために，その日の仕事での出来事を用いることができるか。

倫理的リーダーの育成

　組織にとって倫理的リーダーを育成する最良の方法は，本書で提案してきたいくつかの質問事項に取り組むことである。経済的観点と倫理的観点から同時にビジネスを見直し始めることは，倫理は違反しないためのたんなる一連の重要な規範ではない，という教訓を発することに大いに役立ち，そして，組織で働くとはどういうことか，についての本質的な要素となる。

　多くのグローバル企業が理解している枠組みの中で，いかに優れた倫理的リーダーを育成するかについては，いくつかの具体的な手順があると私たちは考えている。その第一歩は，いかに組織が利害関係者をより良くし，その組織の価値基準についての話し合いを活発にすることである。これはプログラム化する必要はない。タウンホールミーティングといわれる対話集会と同じくらい精巧なものとなりえる。もしくは，ある経営者が示唆したように，私たちは多くの会議で倫理的なまたは利害関係者を考慮した瞬間を持つことができる。たとえば，デュポンの「安全の瞬間」に類似したそのような瞬間は，重要な利害関係者や，会社の価値基準と倫理に関する会合の影響についての懸念を喚起するわずかな時間を確保する。同時に，倫理的瞬間は，会合での話し合いと意思決定が，どのように会社が賛同するものと連動していたかについて詳しく述べることを可能にする。

　多くの会社には，リーダーシップ育成プログラムがある。これらのプログラムは，倫理的リーダーシップの考え方を加え強化される必要がある。必ずしも本書で展開してきた特定の原則を使う必要はないが，プログラムの参加者を，自分たちが倫理的リーダーシップとみなすものに関する話し合いに参加させることは有効であろう。経営者は，彼らの個々の会社で実践された倫

理的リーダーシップの方法ついて話し合われた内容や考えを，さらに発展させることができるのである。

　経営者は，どのようにチャレンジミーティングを催すか理解する必要がある。それは，組織の中の誰もが，自社が価値基準やそのエンタープライズ・アプローチをとっているかどうか意見を述べることができる定例のプロセスである。多くの人々は，その結果として無秩序状態になることを恐れるだろう。私たちの経験はまさに反対である。誰しも誇りに思えることがあるように，価値基準，目的，原則，エンタープライズ・アプローチのすべては，企業をより良くし，より効果的にする方法について考えるための，規律づけられた方法を実現させる。権威に異議を唱える能力なしには，真の倫理的リーダーシップ自体存在しえないのである。

　本書では，ボブ・カリングウッドや彼の同僚たち，つまりあなた自身に多くのことを問いかけている。ビジネスについて新しい思考様式を必要とし，また，その思考様式はビジネスと倫理を一緒にするものでなければならないと提案してきた。新しい思考様式は，利害関係者，少なくとも顧客，納入業者，従業員，コミュニティー，そして資金拠出者に焦点を合わせる。私たちは，ビジネスを利害関係者志向の経営と位置づける必要がある。また，本書では，資本主義的枠組みの見直しをも求めている。事業活動とは，まさに利害関係者のための価値創造を行うことである。もしそのことに気づいたらば，なされるべき変革が数多く存在する。

　この変革を促進するために，本書においていくつかの方法と質問事項を提案してきた。最終的には，私たちはそのような変革は非常に簡単であると思っている。もし私たちが支持するものについて疑う余地がないのであれば，私たちの価値基準と一致する限り，ビジネスに対する考え方を修正することは決して難しくない。私たちは，倫理的リーダーシップをその変革の中心に据えるべきことを議論してきたのである。

　ビジネスは社会的な信頼を失ってしまった。利害関係者志向の経営によっ

て，この信頼という重要な資産を取り戻し，利害関係者のための価値創造を中心に据えたビジネスに対する見方を理解した世代に委ねることができる。今，私たちは危機に瀕している。信頼により，ビジネスはより効果的に人間の苦しみを軽減し，何百万の人々を貧困から救い出し，私たちの生活をより良くする製品やサービスを創り出し，そして，株主のために財務的価値を創出するだろう。私たちは，資本主義をより良くする世代となる，まさにその機会の只中にいる。どう選択するかは私たち次第である。

補論
利害関係者志向の経営についてよく尋ねられる質問

1. 利害関係者志向の経営は，株主価値の最大化に反対するものか。株主と利害関係者の利益に対立はないか。

　株主は，重要な利害関係者であり，私たちは，利害関係者志向の経営を反株主の立場や株主の利益に反対するものと理解することはない。資金を拠出する個人や機関の支持なくして，企業は存在できない。しかし，私たちは，経営者がただ1人の利害関係者の権益を最大化しようとすれば，困難に陥ると考えている。本質的に，一つの集団の利益を最大化することは，最大化されている集団に対抗する他のものの利益とはトレードオフの関係になる。利害関係者志向の経営は，トレードオフの関係の思考に関するものではない。すべての主要な利害関係者をより良くし，利益のすべてを同じ方向にしようとする革新と企業家精神の利用に関するものである。一つの集団の利益を最大化することは，何が起こるかを予見することについて限定された能力（経

済学者は「限定合理性」という）しか有していない複雑な世界において，誤った安心感を与えることになる。たとえ，あなたが株主価値の最大化を求めるとしても，私たちは，あなたが次のようにすると考えている。すなわち，あなたが，顧客にとってすばらしいものを作り，あなたの企業をより良くすることに関与する納入業者を有し，その仕事に携わる従業員を擁して，コミュニティーにおいて（少なくともコミュニティーから罰せられる行動をしない）よき企業市民として存在することにより，株主価値の最大化をするということである。要するに，あなたは利害関係者のために価値を生み出し，あるいは，利害関係者のための経営をしている。

2. 経営者は，いかなるときもすべての利害関係者を幸福にできるだろうか。

　それは絶対にできない。経営者は，自分が何を支持するのか，自分がどのように主要な利害関係者をより良くしようとするのか，はっきり認識しなければならない。経営者は，大部分，少なくとも，顧客，納入業者，従業員，コミュニティー，資金拠出者という（多くの企業にとって）主要な利害関係者の利益を同じ方向に向けなければならない。経営者は，メディア，批判者，政府，NGOなどの他の利害関係者も無視できないが，いつもその利益のすべてを満足させることはできない。大切なのは，経営者の思考様式である。経営者は，たとえ，とても不快な批判であっても，それを事業に関する価値のある洞察や革新と見なければならない。利害関係者志向の経営は，利害関係者，イノベーション，価値の創造に従事することに関するものである。

3. 利害関係者志向の経営は,「企業の社会的責任」,「トリプルボトムライン」,「持続可能な企業」の別の言い方にすぎないのか。こうした考えの中でのつながりは何か。

　私たちは,「企業の社会的責任」と「トリプルボトムライン」のような考えを用いて,企業と資本主義について新しい理解を生み出したいと考えている人たちと多くの共通点を有している。彼らも,私たちと同じように,企業に他者への行動の影響について責任があると考え,こうした影響は株主に対する影響よりも大きいと思っている。しかし,こうした考えの問題点は,彼らが行動の経済的影響あるいは事業上の影響と社会的影響とを区別することである。現在の企業モデルの中で,社会的影響を企業の社会貢献や広報,あるいは,他の凡庸な地位に追いやることは容易である。私たちは,利害関係者から始めることで,経済的な影響,社会的な影響,他の影響がどのように一緒になるかを理解できると考えている。利害関係者から始めることは,社会的責任やトリプルボトムラインよりも,よい分析単位である。

4. 利害関係者志向の経営と営利企業における倫理とのつながりは何か。

　利害関係者志向の経営は,利害関係者を人間そのものとして見ることを求める。顧客は,単なる「買い手」ではなく,従業員は,単なる「人的資源」ではない。彼らは,私たちすべてと同じように,名前,顔,子供,希望,欲望を持った人間であり,コンプレックスや弱点を持つことになる。資本主義は,この人間性ゆえに機能する。それは,共通の目的を達成するための協力という方法である。倫理は,私たちがどのように共に生き,栄えようとするかについてであるので,この努力から不可分である。倫理は,私たちを共に生きさせる諸原則であり,私たちが共有する価値観である。倫理は,寛容の限度と上手く機能する社会を保障するために自分たちに課す限界に関するものである。ビジネスと倫理には関係がないという考えや企業倫理は冗句であ

るという考えは，人間性を奪う考えである。よりよい質問は，どのように経営者は企業と倫理が関連していないと考えたか，経営者がどのようにそれを誤ってしまったかである。

5. なぜ，今，利害関係者志向の経営について考えるのか。

　グローバル化の諸力，自由民主主義の出現と集権的計画経済の終焉，情報技術の急速な進展は，企業をまず株主と結びつける標準的な思考を崩壊させることに貢献してきている。経営者は，こうした変化を日常的に理解し，よりよい意思決定のを支援する思考枠組み，思考様式，世界観を必要とする。利害関係者志向の経営は，複雑な世界を理解する単純な方法である。それは，経営者の行動により誰が影響を受けるのか，どのように影響を受けるのかをまず理解するように言う。経営者が支持するものと経営者が設立したい会社の種類を理解しなさい。そうすると，世界が複雑化する中で，仕事をする基礎を有することになる。たとえ，株主価値を最大化したいとしても，利害関係者について考えなければならず，資金提供者と同様に，顧客，従業員，納入業者，コミュニティーに対してどのように価値を創造するかを考えなければならないといわれることになる。

6. 利害関係者志向の経営は，長期的には機能しても短期的にはそれほど機能しないのではないか。

　私たちは，利害関係者志向の経営は短期的に機能すると考えている。利害関係者との関係はそれぞれ，価値創造が長期的に継続するという考えを保持するように短期的に価値を生むような方法で管理されなければならない。すばらしい従業員，責任ある納入業者，満足しているコミュニティー，そして株主とともにある偉大な製品は，直ちに実物の有形の価値を生み出す。利害関係者は長期的にしか利益にならないという考えは，利害関係者の権益を株

主の権益に反するものと見て失敗する。何かが長期的に成功するとすれば，それは成功しようとして始めたときにも，すなわち，短期的にもそうでなければならないことになる。好ましい長期的業績は，好ましい短期的業績により支えられる。すべての利害関係者のための価値を創造し，その権益を同じ方向に維持することに焦点を合わせることで，私たちは，短期を長期に統合することができる。究極的には，「長期」と「短期」のトレードオフの関係は，企業に関する考え方として健全なものではない。長期的にうまく機能するとか，短期のためにそうしなければならないとかいうことにより，人はほとんどの意思決定を正当化できる。両方で機能する好ましい決定を理解することは，よりよい接近方法であり，利害関係者志向の経営はその過程を促進すると考えている。

7. 利害関係者志向の経営は，エンロン崩壊後の企業，資本主義への公衆の信頼を回復できるか。

　私たちは，企業に関する新しい物語，説話を必要としている。エンロンや他のスキャンダルは，資本主義は道徳的に悪いもので企業人は道徳的にいかがわしいか，人格に問題のある人であるという考えを強めることになった。私たちは，企業と倫理の両方を誤解していた。企業は，できるだけ多くのお金を生み出すものではない。企業は，利害関係者のために価値を創造するものである。大切なことは，こう語ることであり，企業人がこの物語を演じることを可能にすることである。私たちは，大小含めて，企業の真の模範として，エンロンのような深くひびの入った会社よりは，その利害関係者にとって正しいことをしようとする会社を1万社ほど挙げる必要がある。私たちは，倫理は企業における生活，また，企業以外の生活の中心でなければならないゆえに，倫理を誤解していた。倫理は，どのように自分たちが生きようとするかについて互いの会話に関するものである。そして，その会話には，経営者がどのような企業を作ろうとするかということも含まれる。本当の過

ちは，企業から倫理を分けることにある。利害関係者志向の経営は，こうした考えをはっきりとさせる。「経営者が何を支持するのか」，「経営者はどのように利害関係者をよりよくするのか」，「経営者がいかなるときもこれらの関係を管理するために用いる価値観や諸原則は何か」という質問をすることは，企業と倫理との連関を明示している。

8. どのように利害関係者を特定するのか。巨大な多国籍企業において皆が利害関係者ではないか。なぜ，企業は利害関係者相関図の中心に置かれるのか。

　利害関係者を特定する最善の方法は，私たちの考えでは，組織の中から多様な人々の集団を集め，彼らに自分たちの組織により誰が影響を受けるのか，誰が組織に影響を与えることができるのかを尋ねることである。私たちの経験では，経営者は容易に利害関係者を特定し，優先順位をつける。決定的な問題は，会社に批判的な集団の意見を聞かない傾向にあることである。そして，巨大多国籍企業にはたくさんの利害関係者がいるが，利害関係者は，彼らが影響を与える企業の部分により階層化されうる。私たちは，利害関係者を「公衆」とか「社会」のような大きな組織のない集団よりも具体的な集団あるいは個人としてみることを好む。こうした大きな集団は，共通するところがほとんどない。全体としての社会や公衆に影響するために用いられる戦略もほとんどない。

9. 利害関係者志向の経営は，営利企業のためのものか。非営利組織については，どうか。

　利害関係者志向の経営を非営利組織にも適用することは全く容易なことである。実際，利害関係者志向の経営は，どのように互いに価値を創造するか，どのように価値が無関連の部分であることを説明するかについて記述し

ている。非営利組織は，また，利害関係者のための価値を創造しようとする。特定の利害関係者は，利益志向の企業とは異なるかもしれない一方で，非営利組織の経営者がこうした利害関係者の権益を同じ方向にしようとしなければならないと考えることでは共通している。あまりに多くの非営利組織が自分たちは企業とは異なると考えている。なぜなら，善行に好意を抱き，それを意図している彼らは，その利害関係者のために価値を創造する責任を免除されるべきであると考えているからである。私たちは，利害関係者からの非営利組織へのアプローチが問題に対する企業のアプローチの規律を市民社会のために善行をなすという善き意図に結びつけると考えている。

10. 私の仕事では，会社の外部の人と接することがほとんどない。私は，内部の利害関係者に対する手法や考え方のいくつかを用いることができるだろうか。

　1970年代に遡ってみよう。当時，利害関係者からのアプローチが必要とされることは明らかではなく，多くの経営者は内部の利害関係者に対する考えを応用しようとしていた。結局，彼らが主張したことは，外部の環境が全く安定的であったということである。それは，悪い考えではない。あなたは，自分自身を利害関係者の相関図の中心に置き，あなたがしている仕事により影響を受けるものを見ることができ，あなたが仕事をしているときに，あなたに影響を与えることができるものを見ることができる。個人の利害関係者という見方は妥当する。唯一の問題は，会社のために働いているときに，究極的には外部のものと接触しなければならないことである。会社の中にいるものにとって，相互にとても利害関係者志向であるが，外部の世界を無視することは危険なことである。21世紀になって，企業は急速に外部を見なければならなくなっている。企業は外部の利害関係者に応答しなければならなくなっている。内部の利害関係者にのみ注意を払うことによって，問題が生じうる。これは，特にM&Aの進行過程においてそうである。会社

が外部の利害関係者に注意する必要があるときに，しばしば起こるのが，経営者が雇用の保障，影響力，権限から内部の利害関係者に焦点を置くことである。内部の利害関係者は，それらが外部の利害関係者と結びついているときにのみ，妥当するにすぎない。

注

第1章：利害関係者志向の経営

1. 経済的付加価値とは，株式の価格形成に与える投資が様々な影響をプロジェクト・ベースで算出するための指標の一つである。EVAについては，次の文献を参照のこと。Robert F. Bruner et al., *The Portable MBA*, 4th ed., New York: John Wiley and Sons, 2003.
2. ボブ・カリングウッドとは，数千人もの役員の異なる性質を混ぜ合わせて作り出した架空の人物である。本書が取り上げた論点について，本書の執筆者は彼とともに話を進めている。もしかしたらボブ・カリングウッドのようなタイプの役員は存在しないかもしれない。しかしボブが直面した様々な圧力については，役員経験者ならば誰もが理解できるであろう。もし，あなたが様々な圧力を経験し極限状態に陥るようなことがあれば，次のように考えてみよう。まず，ボブに似たタイプのナンのことを想像してみよう。彼女は，ボブが抱える問題だけではなく，ジェンダーに関わる問題についても対処しなければならない。また，ボブが多数派のエスニシティ（人種・民族）や精神的な文化に属していない点についても考えてみよう。
3. 利害関係者志向の経営の源流は様々である。一説については，次の文献の第2章を参照のこと。R. Edward Freeman, *Strategic Management: A Stakeholder Approach*, Boston: Pitman, 1984. それに関連した説については，次の文献（＝博士学位論文［訳者注］）を参照のこと。Giles Slinger, "Essays on Stakeholding" (Ph. D. Diss., Cambridge University, Department of Applied Economics, 1999). 利害関係者理論の開発の過程でフリーマンが果たした役割については，次の文献を参照のこと。R. Edward Freeman, "The Development of Stakeholder Theory: An Idiosyncratic Approach," in Ken G. Smith and Michael A. Hitt

(eds.), *Great Minds in Management*, Oxford, U.K.: Oxford Univeraity Press, 2005.
4. 利害関係者については様々な言葉で説明できる。本書のなかで，私たちは，以下の文献に沿って説明している。Robert Phillips, *Stakeholder Theory and Organizational Ethics*, California: Berrett-Koehler, 2003.
5. 「世の中で株主こそが最も正当な利害関係者である」とさえ叙述することもできる。そのためには，第一義的な利害関係者の群の範囲を唯一株主に限定するか，株主以外の利害関係者の群を「道具的な利害関係者」または「第二義的な利害関係者」に分類しなければならない。
6. 社会的責任投資フォーラムによれば，ここで示した数値は 2006 年のものである。http://socialinvest.org/areas/general/investors/individuals.htm, 2007 年 3 月 6 日アクセス。正確な数値について把握していないものの，当該分野が投資の世界で成長していることは明らかである。
7. Bill George, *Authentic Leadership*, San Francisco, Calif.: Jossey-Bass, 2003, p.104.
8. ピーター・ドラッカーが，経営学で数多くの有効な考え方を生み出したように，エンタープライズ戦略もまた彼の著書『株式会社の概念（*The Concept of the Corporation* [New York: John Day and Co., 1972]）』（邦訳：上田惇生訳『企業とは何か――その社会的使命――』ダイヤモンド社，2005 年）や『経営――課業・責任・実践―― (*Management: Tasks, Responsibilities, Practices* [New York: Harper and Row, 1974])』（邦訳：有賀裕子訳『マネジメント（Ⅰ）（Ⅱ）（Ⅲ）（Ⅳ）――務め，責任，実践――』）の中で論理が構築された。
9. Robert A. Phillips and Craig B. Caldwell, "Value Chain Responsibility: A Farewell to Arm's Length," *Business and Society Review*, vol.110, no.4 (2005): 345-70.

第 2 章：21 世紀の企業

1. 経営者資本主義と株主資本主義は相当程度に異なる資本主義の形態である。しかし本書では，エージェンシー理論を取り込みながら，先に挙げた異なる形態の資本主義を同じものとして取り扱うこととした。なぜなら，双方ともに「経営意思決定を担う側と残余リスクを負担する側の分離が現代企業を特徴付けている」という点については同意しているからである。結果として，エージェンシー問題が様々な文献の主題として取り上げられるようになった。こうした問題については，次の文献を参照のこと。Norman E. Bowie and R. Edward Freeman, *Ethics and Agency Theory: An Introduction*, New York: Oxford

University Press, 1992.
2. アルフレッド・チャンドラーの金字塔『戦略と構造（Alfred C. Chandler, *Strategy and Structure* [Cambridge, Mass: MIT Press, 1962]）』（邦訳：有賀裕子訳『組織は戦略に従う』ダイヤモンド社，2004年）は，事業部制を導入した法人の出現について記録している。同時期のゼネラル・モーターズ（GM）の実態については，ピーター・ドラッカーの古典『株式会社の概念』（邦訳：上田惇生訳『企業とは何か――その社会的使命――』）の説明を参照のこと。
3. これは，完全に型にはめられた歴史であり，かつ過度に単純化された歴史である。緻密で詳細な分析については，次の文献を参照のこと。Allen Kaufman, Lawrence Zacharias, and Marvin Karson, *Managers vs. Owners: The Struggle for Corporate Control in American Democracy,* New York: Oxford University Press, 1995.
4. これは，1992年にニューヨークのWVET-TVが製作したテレビ番組「ビジネス・エシックス・ラウンドテーブル」に出演したT・ブーン・ピケンズだけではなく多くの人が利害関係者理論に異を唱える際に口に出てくる意見である。
5. 領域の描き方については，Business Roundtable Institute for Corporate Ethicsのウェブサイトを参照のこと。http://www.corporate-ethics.org, 2007年3月6日アクセス。

第3章：基本的枠組み

1. 利害関係者志向の経営について，ここで取り上げる「名前と顔と持つ利害関係者」のアプローチは，次の文献に詳しい。John McVea and R. Edward Freeman, "Stakeholder Theory: A Names and Fasecs Approach," *Journal of Management Inquiry*, vol.14, no.1 (2005).

第4章：利害関係者・目的・価値基準

1. 次のウェブサイトから引用。http://www.abbott.com/citizenship/pdf/Supplier_Code_of_Conduct.pdf, 2007年3月6日アクセス。アボットについての引用部分はすべて上記のウェブサイトでダウンロードできる。
2. アーウィン・ファイナンシャルの「指導原理」については次のウェブサイトを参照のこと。http://www.irwinfinancial.com/cp-set.htm, 2007年3月5日アクセス。

3. ホールフーズ・マーケットが定めた「共存の宣言」は次のウェブサイトに掲載されている。http://www.wholefoodsmarket.com/company/declaration.html, 2007年3月6日アクセス。また、同社のCEOジョン・マッキーズ（＝本書の原書が執筆された当時のCEO［訳者注］）のブログ「良心的な資本主義」も参照のこと。このブログに書き込まれている考え方は、本書で示した考え方と極めて似ている。
4. ノボ・ノルディスクについての情報は次のウェブサイトに掲載されている。http://www.novonordisk-us.com/documents/home_page/document/index.asp, 2007年3月6日アクセス。ノボ・ノルディスク本社（コペンハーゲン）の「利害関係者との共創チーム」と交わした有益な会話に感謝の意を表したい。

第5章：利害関係者への価値を創造するための日常戦略

1. 企業の多くは、「利害関係者の評価」に沿ったビジネス・システムを構築し、事業活動の延長線上に同様のシステムを構築している。こうした評価のシステムは「利害関係者との共創」のプロジェクトで最初に手掛けられている。本書の目的は、企業の多くで構築されている「利害関係者の評価」のプロセスに理論的な根拠を与え、企業の経営者が自社に合った「利害関係者の評価」のシステムを構築することにある。

第6章：リーダーシップと利害関係者志向の経営

1. Howard Gardner, *Leading Minds*, New York: Basic Books, 1995, p. xvi.
2. Gardner, *Leading Minds*, p.67.
3. Gardner, *Leading Minds*, p.71.
4. Gardner, *Leading Minds*.
5. Harry Levinson, *The Great Jackass Fallacy*, Cambridge, Mass.: Harvard University Press, 1973.
6. アーウィン・ファイナンシャルについての文章は、ウィル・ミラーとマット・ソウザが、ダーデン・スクール（＝バージニア大学ダーデン経営大学院［訳者注］）で過去10年間にわたって催してきた数多くの講義や講演会の内容に基づくものである。本書に掲載した文章については、アーウィン・ファイナンシャルの許可を得ている。
7. Gardner, *Leading Minds*, p. xi.

8. 「道徳的な想像力とは，相互に相容れることなく複雑に絡み合った経済的な関係を知覚する能力であり，相互に相容れることなく複雑に絡み合った道徳的な関係を知覚する能力でもある。道徳的な想像力を開発するためには，経営意思決定における倫理的な課題事項について感覚を研ぎ澄ましていくだけではなく，『どのような状況で人は，経営者の意思決定や行動によって損害を被るのか』について注意深く探り当てていく必要もある。このようにして道徳的な想像力を働かせる作業は私たちにとって欠くべからざる最初の一歩である。しかし経営者を収支決算で評価する手法がすでに確立されているのも事実である。したがって道徳的な想像力については今後に解決すべき課題も多く残されている」。Patricia H. Werhane, *Moral Imagination and Management Decision-Making*, New York: Oxford University Press, 1999.

9. 本文の情報は次の文献から引用。Carol J. Loomis and Chuck Prince, "Tough Questions for Citigroup's CEO," *Fortune*, November 29, 2004; Timothy L. O'Brien and Landon Thomas Jr., "It's Cleanup Time at Citi," *New York Times*, November 7, 1998.

10. "Boss Gives His Salary to Workers Pepsi Chief Funds $1M in Scholarships," *Associated Press*, March 25, 1998.

11. James Wynbrandt, *Flying High: How JetBlue Founder and CEO David Neeleman Beats the Competition... Even in the World's Most Turbulent Industry,* New York: John Wiley and Sons, 2004, pp. 221–22.

12. Nelson Mandela, *Long Walk to Freedom: The Autobiography of Nelson Mandela*, Boston: Little Brown and Co., 1994, p. 462.

13. Patricia H. Werhane, *Moral Imagination and Management Decision-Making*, New York: Oxford University Press, 1999.

14. グラミン銀行を設立したムハマド・ユヌスが，バージニア大学ダーデン経営大学院のオルソン応用倫理学センターで連続的に編成された講演会「ラフィン・レクチャー・シリーズ」から引用。

15. R. Edward Freeman, Jessica Pierce, and Richard H. Dodd, *Environmentalism and the New Logic of Business: How Firms Can Be Profitable and Leave Our Children a Living Planet*, New York: Oxford University Press, 2000, p. 1.

16. *Time*, September 5, 2005, pp.44–49; and on MSNBC.com, "Chicago Approves its First Wal-Mart: After Lengthy Debate, City Council Votes to Allow Store," *Associated Press*, May 26, 2004.

関連文献

　用語の意味に若干の相違があるものの，利害関係者志向の経営については数多くの書籍や論文が世に出ている。こうした文献に掲載されている利害関係者志向の経営の起源については，本書の中で説明した通りである。もっとも利害関係者志向の経営については，何百もの学術論文や実務家の論文が30年以上にわたって世に出てきている。グーグルのサイトで「利害関係者志向の経営」を検索すれば，その検索結果は550万件に達する。どのサイトにも，私たちの関心を惹く発想や有益な発想が掲載されている。「利害関係者志向の経営」について，私たちは，以下の文献を強く勧めたい。

Donaldson, Thomas, and Lee Preston, "The Stakeholder Theory of the Corporation: Concepts, Evidence, and Implications," *Academy of Management Review*, 20 (1994) : 65-91.
　　本論文の執筆者は，利害関係者志向の経営に関する学術的な文献を示しながら紹介している。

Freeman, R. Edward. *Strategic Management: A Stakeholder Approach,* Boston: Pitman Publishing, 1984.
　　本書がすでに絶版となって久しい。しかし今，本書は，Business Roundtable Institute for Corporate Ethics や，バージニア大学ダーデン経営大学院オルソン応用倫理学センターのウェブサイトでダウンロードできる（＝2009年8月26日現在，未確認［訳者注］）。参照，http://www.corporate-ethics.org
　　http://www.darden.virginia.edu/html/area.aspx?styleid=3&area=olsson.

Philip, Robert, *Stakeholder Theory and Organizational Ethics*, San Francisco: Berret-Koehler, 2003.

　　本書の内容は，利害関係者志向の経営と倫理の関係に特化している。本書は，「利害関係者が公平に取り扱われているか」，そして「『利害関係者の要求を満たしているか否か』について会社はどのようにして判断しているのか」について，具体的かつ実践的な検証の方法も提唱している。

Post, James, Lee Preston, and Sybille Sachs, *Redefining the Corporation: Stakeholder Management and Organizational Wealth*, Palo Alto, California: Stanford University Press, 2002.

　　本書は，利害関係者志向の経営で価値を創造した企業の事例に焦点を絞っている。本書では，リスクの程度と組織の資源を基点として，「誰が利害関係者なのか」，そして「誰が利害関係者ではないのか」を決定する際に必要な基準も示されている。

Svendson, Ann, *The Stakeholder Strategy: Profiting from Collaborative Business Relationships*, San Francisco, California: Berret-Koehler, 1998.

　　本書の中で，執筆者は，(企業と利害関係者間の［訳者補足］) 協調や協調戦略が利害関係者志向の経営に与える影響について説明している。本書の執筆者は，多様な利害関係者間の協調を選択すべきであると強調している。本書は，ザ・ボディショップ，グラクソ・ウェルカム (現在のグラクソ・スミスクライン)，ブリティッシュ・ペトロリアム (現在のビーピー [BP])，リーバイ・ストラウスなどについても分析している。

Wheeler David, and Maria Sillanpää, *The Stakeholder Corporation*, London: Pitman Publishing, 1997.

　　本書は，ザ・ボディショップの役員2名の考え方を具体化しながら構築した利害関係者モデルについて説明している。本書には，利害関係者志向の業務プロセスや日常業務の全体について数多くの有益な考え方が示されている。また，本書には，実務の世界における利害関係者志向の経営の解釈も示されている。

Wicks, Andrew, and R. Edward Freeman, "Organization Studies and the New Pragmatism: Positivism, Anti-positivism, and the Search for Ethics," *Organization Science*, 9 (1998): 123–140.

本論文は，本書の中で私たちが用いた方法論について述べている。本論文は，プラグマティズムに焦点を合わせ，経営学の分野で論争の的となるビジネスについて新たな語り口と物語を展開している。

訳者あとがき

　本書は，R. Edward Freeman, Jeffrey S. Harrison, and Andrew C. Wicks 著，*Managing for Stakeholders: Survival, Reputation, and Success*（2007）の邦訳である。著者の一人であるフリーマンは，米国ヴァージニア大学ダーデン・スクールの教授で，利害関係者研究の第一人者であり，企業倫理に関する数多くの論文を執筆している。その中でも，本書は，株主の利益を中心に置く「経営者資本主義」に対する批判の書となっている。ここでの経営者資本主義は，自社株購入権の利用などにより経営者の利益と株主の利益とを一元化し，その利益の最大化を図ることに特徴があり，マリス（Marris, R.）がその著書『経営者資本主義の経済理論』(*The Economic Theory of Managerial Capitalism*, London: MacMillan, 1964) で用いたものとは用法が異なる。「日本語版への序文」にあるように，フリーマンは，日本の企業慣行に関する研究を行い，また，日本から留学で来た社会人たちと議論しながら，「利害関係者のための価値創造」という日本の伝統から影響を受けたとしている。それゆえ，本書で述べられていることは，「株主価値の最大化」や「株主資本主義」などの用語が日本の企業社会に一般化する以前の日本の

企業経営との類似性を有している。しかしながら,「利害関係者志向の経営」は,単に株主の利益ではなく,利害関係者の利益を重視すればよいというものではない。本書は,「株主の利益か,利害関係者の利益か」というトレードオフの思考からの転換を経営者に求め,利害関係者を人間そのものとして捉えることを提唱するものである。

訳語についてであるが,本書では,"stakeholder" という言葉を敢えて「利害関係者」と訳している。今日,「ステークホルダー」と表記されることが多くなっているが,今一度,その言葉自体の意味内容を問い直したいと考えたからである。さらに,本書では,"stakeholder dialogue" を「利害関係者との意見交換」,"stakeholder engagement" を「利害関係者との共創」,"stakeholder map" を「利害関係者相関図」とそれぞれ訳している。いずれも,「ステークホルダー・ダイアログ」「ステークホルダー・エンゲージメント」「ステークホルダー・マップ」とカタカナで表記されることが少なくないが,その意味するところが十分に理解されているとはいえないところもあることから,それをより明確に示すために充てた訳語である。また,"community" や "enterprise" については,「地域社会」「起業」などとそれぞれ訳されることが一般的であるが,本書での内容から,意図的に「コミュニティー」「エンタープライズ」をそれぞれ用いることとした。

本書は,すでに,『企業倫理』や『日本の企業倫理』を白桃書房より刊行している企業倫理研究グループのメンバーにより,訳出されている。同グループの代表で,明治大学名誉教授である中村瑞穂先生の発案で始められたことから,中村先生を訳者代表とさせていただいた。本書において,企業倫理研究グループの名称を使わなかったのは,グループのメンバーに,所属の変更,留学,所属大学における役職への就任などがあったため,全員で本書の翻訳作業を行うことがかなわなかったからである。実質的な翻訳作業は,同グループのメンバーである,それぞれの担当者により2008年の夏から行われ,翻訳のための合宿や勉強会を重ねた。当初は,2009年の出版を意図していたが,全体の表現の調整や訳文の精緻化を図ったために,その作業は大

幅に遅れることとなった。全体統括者の責任において，最終的な表現の修正がなされたゆえ，訳に対するすべての批判は全体統括者が受けるものとしたい。なお，訳に当たって若干の個所ではあるが，原書の内容がより明確になるように表記の修正を施している。これについても，全体統括者がその責めを負うものとする。

　本書の出版にあたり，白桃書房編集部の平千枝子さんには，訳文について，読者の立場でよりわかりやすい表現になるよう数多くの助言をいただいている。白桃書房代表取締役の大矢栄一郎さんからは，厳しい出版事情にもかかわらず，本書の出版を快諾いただいた。記して，感謝の意を表したいと思う。

　最後に，訳者代表である中村瑞穂先生は，2010年6月に喜寿を迎えられるが，そのお祝いとして，本書を捧げたい。

2010年5月

全体統括者
出見世　信之

索引

あ行

アーウィン・ファイナンシャル…94, 158, 185
アウトサイド・イン…81, 83, 115
アウトソーシング…36
アボット・ラボラトリーズ…93
アマゾン…33
アメリカン・エキスプレス…33, 34
インサイド・アウト…82, 115
インサイド・イン…83
インテル…100
ウォールストリート…26
ウォルトン, S. …92
ウォルマート…13, 14, 79, 92, 95, 169, 170
エクイティ・ファンディング…154
エンタープライズ・アプローチ…113, 144, 157, 173
エンタープライズ戦略…12, 14, 15, 84, 89, 92, 98, 102, 104, 115, 184
エンリコ, R. …164
エンロン…37, 91

か行

価値観…87
価値基準…80, 84, 85, 88, 91
価値基準に基づく経営…88
価値基準に基づくリーダーシップ…18, 19, 150, 151
ガードナー, H. …152, 153, 154, 159, 160
株主価値の最大化…77, 78, 79, 83, 100, 175
株主を中心に置く経営者モデル…48, 79, 84, 111
環境主義者…31, 46
企業の社会的責任…106, 177
企業の目的…78, 104, 105
キヤノン…81
協調の可能性…120, 125

グーグル…33
グラミン銀行…59, 145, 167, 187
経営者資本主義…25
ケネディ, J. F. …45
原則…84
攻撃的利害関係者…126
行動指針…84
広報…138
広報的アプローチ…17, 135, 137
コカ・コーラ…30
個別限定的な利害関係者アプローチ…99
コリンズ, J. …13, 79

さ行

サウスウェスタン・ベル…130
サプライチェーン・マネジメント…35, 93
サーベンス・オクスリー法…38
ジェットブルー…164
シェル石油…61
シティグループ…163
使命…84
使命声明書…105
手段的価値…86, 87
シュンペーター, J. …26
消費者の支援者…45
ジョージ, B. …11
ジョンソン・エンド・ジョンソン…67, 165
ジンバルド, P. …153
スコット, L. …169
スミス, A. …79, 102
スリーエム…10, 79
スローン, A. …25
積極的戦略…129

戦略経営論…80
戦略的思考…78, 80

た行

第一義的利害関係者…7, 55, 56, 58, 63, 64, 75, 184
大義名分を立てたアプローチ…104, 108
第二義的利害関係者…8, 55, 60, 63, 64, 75, 154
タイレノール…165
多面的利害関係者アプローチ…102
チャールズ・シュワブ…82
チャレンジミーティング…172
抵抗の脅威…120, 125
デュポン…31, 172
道徳観念を欠くリーダーシップ…18, 150
特定利益集団…46
トヨタ…33
トレードオフの関係…11, 28, 52, 53, 54, 58, 98, 175, 179

な行

ナイキ…35, 139
内在的価値…86, 102
ネイダー, R. …45
ノードストローム…33, 45, 76
ノボ・ノルディスク…67, 104, 105, 186

は行

バーク, J. …165
パタゴニア…10
ハート, S. …108
ハネウェル…43
ハメル, G. …81, 82
バーンズ・アンド・ノーブル…34
ビジョン…84

ヒューレット・パッカード…99
フューラー, H. B. …67
プラハラード, C. K. …81, 82, 108
プロクター・アンド・ギャンブル…45
ベニス, W. …149
ペプシコ…164
ヘルスサウス…38
変動的利害関係者…126
防御的戦略…129
防御的利害関係者…126, 127
ボーダーズ…34
ポーター, M. …81
ポラス, J. …13, 79
ホールフーズ・マーケット…103, 186
ホンダ…33, 81

ま行

マイクロソフト…43, 100
マクドナルド…131
マッチングギフト…164
ミッション…84
ミニスクライブ事件…154
ミラー, W. …158
ミルグラム, S. …153
メディア…47
メドトロニック社…11
メルク…13, 79, 104, 144
モトローラ…30

や行

ユナイテッド・テクノロジー…71, 72
ユニパート・グループ…103
ユニリーバ…108
ユヌス, M. …167
抑制的戦略…129

抑制的利害関係者…126, 127

ら行

利害関係…3
利害関係者―課題事項マトリクス…117, 118
利害関係者志向の経営…3
利害関係者資本主義…7
利害関係者責任…96
利害関係者相関図…8, 65, 66, 67, 69, 115, 116, 117, 180
利害関係者中心の思考様式…11, 59, 148
利害関係者との意見交換…96, 106, 121, 128, 139
利害関係者との共創…96, 106, 121, 128, 138
利害関係者の評価…115, 119
リストラクチュアリング…36
倫理的リーダーシップ…14, 18, 19, 90, 94, 98, 110, 160, 161, 162, 169, 172
ルール変更戦略…129
レビンソン, H. …155, 157

わ行

ワークアウト…166

欧文

AIG…38
AT&T…30, 43, 130
CNN…82
GE…31, 166
GM…25, 45
IBM…76, 99
L・L・ビーン…33, 45
OPEC…136
P&G…99

▰訳者紹介

中村　瑞穂（なかむら　みずほ）
　明治大学名誉教授　第1章担当

山口　厚江（やまぐち　あつえ）
　作新学院大学経営学部・総合政策学部／日本大学商学部非常勤講師　第2章担当

出見世信之（でみせ　のぶゆき）
　明治大学商学部教授　全体統括者　第3章・補論担当

水村　典弘（みずむら　のりひろ）
　埼玉大学経済学部准教授　第4章・注・関連文献担当

小山　嚴也（こやま　よしなり）
　関東学院大学経済学部教授　第5章担当

重本　彰子（しげもと　あきこ）
　ラトガース大学大学院博士課程（経営学）フルブライト奨学生　第6章担当

▰利害関係者志向の経営
　――存続・世評・成功　　　　　　　　　　　　〈検印省略〉

▰発　行　日――2010年6月27日　初版発行

▰訳者代表――中村瑞穂
▰発　行　者――大矢栄一郎
▰発　行　所――株式会社　白桃書房
　〒101-0021　東京都千代田区外神田5-1-15
　☎03-3836-4781　℻03-3836-9370　振替00100-4-20192
　http://www.hakutou.co.jp/

▰印刷・製本――シナノ
　© Mizuho Nakamura 2010　Printed in Japan
　ISBN 978-4-561-26541-2 C3034
　本書の全部または一部を無断で複写複製（コピー）することは著作権法上での例外を除き、禁じられています。
　落丁本・乱丁本はおとりかえいたします。

企業倫理研究グループ【著】代表　中村瑞穂
日本の企業倫理
企業倫理の研究と実践

近年の日本経済が大転換を迎えたのと同様に，企業倫理の研究と実践も大きく発展してきた。本書は，日本における企業倫理の進展とその課題について，学問的な立場から理解し，新たな視点を構築しようとする試みである。

ISBN978-4-561-13175-5　C3034　A5判　208頁　本体2800円

株式会社
白桃書房

（表示価格には別途消費税がかかります）

D.スチュアート【著】企業倫理研究グループ【訳】
企 業 倫 理

企業倫理の根幹にある哲学より紐解き，「倫理」とは何かを明確にした上で，倫理的な行動が企業に良い結果をもたらした事例をあげながら「企業倫理」とは何かを解説。企業人はもとより大学の講義用テキストとして最適。

ISBN978-4-561-13141-0　C3034　A5判　280頁　本体3000円

株式会社
白桃書房

（表示価格には別途消費税がかかります）

好 評 書

日本経営倫理学会・(社)経営倫理実践研究センター【監修】
高橋浩夫【編著】
トップ・マネジメントの経営倫理 本体 3000 円

高橋浩夫【著】
グローバル企業のトップマネジメント 本体 2500 円
――本社の戦略的要件とグローバルリーダーの育成

黒川保美・赤羽新太郎【編著】
E.M.エプスタイン・山口厚江・水村典弘・文　載皓・風間信隆・国田清志【著】
CSRグランド戦略 本体 2381 円

斎藤悦子【著】
CSRとヒューマン・ライツ 本体 3000 円
――ジェンダー，ワーク・ライフ・バランス，障害者雇用の企業文化的考察

葉山彩蘭【著】
企業市民モデルの構築 本体 2800 円
――新しい企業と社会の関係

森本三男【著】
企業社会責任の経営学的研究 本体 3900 円

横山恵子【著】
企業の社会戦略とNPO 本体 2900 円
――社会的価値創造にむけての協働型パートナーシップ

日本経営倫理学会【編】
経営倫理用語辞典 本体 2600 円

ヘンリー・ミンツバーグ【著】奥村哲史・須貝栄【訳】
マネジャーの仕事 本体 3200 円

―――――― 東京 白桃書房 神田 ――――――
本広告の価格は本体価格です。別途消費税が加算されます。